AF210633

Oliver Tümmers

Die Ordnung der Dinge

Eine Reise zur Erkenntnis

Tabularis Verlag, Singen am Hohentwiel
Copyright © 2002 by Oliver Tümmers
Umschlaggestaltung Oliver Tümmers
Herstellung: Books on Demand GmbH
Printed in Germany
ISBN 3-8330-0125-9

Inhalt

Vorwort 9

Einleitung 13

I Die Voraussetzungen zur Erkenntnis 15

1 Ein Einstieg 17

2 Was bisher geschah 19

Die Religionen 20
Buddha 22 · Das Christentum 25

Die Philosophie 27
Idealismus 28 · Realismus 30

Die Naturwissenschaften 33
Relativitätstheorie 37 · Quantenmechanik 43

3 Die Vorbereitungen 53
Der Geist 53 · Realität und Traum 55 · Die neue
Realität 59 · Betrachtung der neuen Realität 63 ·
Ein Streitgespräch 69 · Das Rüstzeug 79

II Die Ordnung der Dinge 83

1 Der Anfang der Dinge 85

2 Die Gegenwart der Dinge 91
Die Herkunft der Dinge 91 · Das Karma 93 ·
Übersinnliches und Wunder 97 · Reinkarnati-
on 100

3 Das Ende der Dinge 103
Die drei Ursachen des Negativen 104 · Überwindung des Negativen 106 · Schaffen des Pa-
radieses 112 · Beherrschen der Sequenz 115 ·
Das Nirwana 117

III Abschließendes 119

1 Die letzte aller Fragen: 121
Der Sinn des Lebens

2 Die Auflösung des Einstiegs 123

3 Schluss 125

*Etwas existiert nur solange,
bis der letzte Mensch stirbt,
der sich daran erinnert*

Das Volk der Navaho

Vorwort

Woher komme ich? Warum bin ich der, der ich bin? Gibt es ein Leben nach dem Tod? Was ist Leben überhaupt? Woher kommt das Universum? Gibt es einen Schöpfer, der alles geschaffen hat? Was ist der Sinn von allem?

Unser ganzes Leben lang beschäftigen wir uns mit diesen grundsätzlichen Fragen, die durch die eigene Existenz erst hervorgerufen werden. Meine eigene Suche nach Antworten begann dabei mit den Naturwissenschaften. Da diese im Gegensatz zu den Religionen auf Fakten beruhen, dachte ich, hier am ehesten wirkliche Antworten zu finden. Doch wurde ich enttäuscht. Egal wie tief ich auch in die Gedankenstrukturen der Theorien vordrang, nie bekam ich wirkliche Antworten. Alles wurde erklärt durch die Einführung einer nächsthöheren unerklärten Ebene, wodurch ich immer wieder am Anfang stand. Zwar wurde der zurückgelegte Weg immer länger, und ich konnte auf immer mehr Erfahrenes und Verstandenes zurückblicken, was schon eine gewisse Befriedigung auslöst, doch als ich am Endpunkt der Wissenschaft ankam, an dem man einfach eine höhere Ebene nicht mehr einbauen kann, verstand ich wohl, dass ich immer noch am Ausgangspunkt stand. Wirklich beantwortet war gar nichts.

Einhergehend mit den Wissenschaften, beschäftigte ich mich mit der Philosophie. Gerade in der modernen Physik sind beide Disziplinen eng miteinander verwoben, ja gar schon verschmolzen. Dies ist kein Kompliment für die Physik, da Philosophen ohne festgefügte Regeln alles durchdenken, alles miteinander verknüpfen, alle Möglichkeiten erwägen und damit eigentlich nie wirkliche Aussagen machen. Was sie heute meinen zu erkennen, verwerfen sie oft morgen wieder, um es übermorgen wieder zu vertreten. Dies ist vielleicht sehr schwer, und die Vertreter dieser Zunft mögen sehr intelligent sein. Zumindest sind die Aussagen ihrer Bücher nicht leicht zu verstehen, was natürlich auch daran liegt, dass viele dieser seitenstarken Werke eigentlich gar keine stichfesten Aussagen machen, nach denen man aber trotzdem verzweifelt in den komplizierten Satzkonstrukten sucht. Erkenntnis kann man mit dieser Methode sicher keine finden. Nach Tausenden von Jahren Philosophie stehen auch diese nur am Anfang der Reise zur Erkenntnis.

Übrig blieben jetzt noch die Religionen. Da diese aber wohl eher dazu geschaffen wurden, Regeln zu entwerfen, damit die Gesellschaften harmonisch funktionieren, und weniger, um wirklich zu verstehen, was vor sich geht, und außerdem die Aussage, man muss einfach blind an eine Gottheit glauben, dann ergibt sich der Rest schon von allein, nicht gerade sehr befriedigend ist, hilft einem das auch nicht gerade viel weiter.

So kam es zu dem hier vorliegenden Buch. Ich habe dabei versucht, die Dinge einfach, kurz und unkompliziert auszudrücken, um nicht ein weiteres seitenstarkes Werk ohne Aussagen zu schaffen. Deren gibt es nämlich genügend. Man könnte fast schon meinen, je dicker ein Buch, um so weniger Inhalt hat es. Ausgehend von der eigenen Existenz, habe ich zuerst die Grundlagen des möglichen vorhandenen Wissens eben über diese untersucht, um dann von der untersten Basis dessen, was man wirklich über sich weiß, Schritt für Schritt analytisch aufbauend, immer weiter vorzustoßen. Mit dieser Methode gelang es mir, den Endpunkt der Reise zur Erkenntnis zu erreichen. Da die Grundlagen auf Fakten beruhen und dann logisch, schlüssig und nachvollziehbar darauf aufgebaut wird, ist dies ein guter und wahrer Weg.

Einleitung

Dieses Buch richtet sich an diejenigen, denen die metaphysischen Erklärungen der Religionen zum Verständnis der Dinge nicht ausreichen, und die von den Naturwissenschaften Antworten erwarten, die diese nie erbringen können. Also an die, die eine klare, logische und nachvollziehbare Verständnisweise über das Dasein an sich suchen.

Wir werden eine Reise zur Erkenntnis machen und dabei alle Fragen beantworten, die sich die Menschheit immer gestellt hat. Begriffe wie Paradies, Karma, Reinkarnation (Wiedergeburt) oder Nirwana werden verständlich erläutert, und wir werden erkennen, was sich wirklich dahinter verbirgt. Wir werden erfahren, warum die Dinge im Universum so sind wie sie sind und am Schluss sogar den Sinn erkennen. Wir möchten dabei nicht auf die vorhandenen Philosophien zurückgreifen, sondern unabhängig von ihnen Aufklärung schaffen. Deshalb wird auch nie auf Zitaten aufgebaut und Querverweise gibt es auch nicht.

Einleitung

Wir möchten uns an folgende Grundregeln halten:

1) Denke Thesen konsequent bis zum Ende
2) Akzeptiere logische Schlussfolgerungen
3) Vermeide alles Unnötige

Der Autor verlangt von seinen Lesern, dass sie alles in Frage stellen, was sie bisher in ihrem Leben gemeint haben zu wissen, ohne Tabus, konsequent Gedanken zu Ende führen, und er erhofft sich, dass die Leser durch eigenes Überlegen über den Erkenntnisstand dieses Buches weit hinausgehen.

Aus diesem Grund wurde versucht, alles möglichst kompakt abzuhandeln, nicht zu viel vorzugeben, um den Spielraum eigener Gedanken und Erkenntnisse möglichst groß zu halten. Denn nur, was wir selber entwickelt haben, ist wirkliche Erkenntnis.

So soll dieses Buch Denkanstoss sein auf dem Weg zu wirklicher Erkenntnis.

I

Die Voraussetzungen zur Erkenntnis

1 Ein Einstieg

Gleich zu Beginn soll ein einfacher, logischer, leicht verständlicher Einstieg in das Thema dieses Buches aufgezeigt werden. Vorneweg drei Überlegungen:

1) Wenn wir schlafen, können wir nicht unterscheiden zwischen Traum und Realität. Das Erlebte im Traum erscheint uns real. Erst durch das Aufwachen wird der Traumzustand definiert, durch das Nichtaufwachen die Realität.

2) Zeit spielt für unseren Geist eine sehr untergeordnete Rolle. Wenn wir Tage durchträumen, sind in Wirklichkeit nur Minuten vergangen. Noch deutlicher zeigt sich dies in Extremsituationen. Immer wieder berichten Menschen, dass sie unter Lebensgefahr ihr ganzes Leben noch einmal durchlebt haben, im Bruchteil einer Sekunde.

3) Unser Geist versucht, uns unter allen Umständen am Leben zu erhalten. Alles ist gestattet, wenn es um das Überleben geht.

(Unter dem Begriff „Geist" soll hier und in diesem Buch stets die Zusammenfassung von Bewusstsein und Unterbewusstsein gemeint sein)

Was geschieht nun im Augenblick des Todes?! Unser Geist schaltet Stück für Stück alle Organe ab, um die Blutzufuhr zum Gehirn so lange wie möglich aufrecht zu erhalten. Nach ca. acht Minuten treten erste Hirnschäden auf. Nun folgender Gedanke:

Wenn unser Geist erkannt hat, dass es keinen Ausweg mehr gibt, hat er nur noch eine Möglichkeit, das unvermeidliche Ende aufzuhalten. Er schickt uns in eine Traumwelt!

Und da Zeit nur eine sehr geringe Bedeutung für den Geist hat, können wir in diesen grob acht Minuten eine schier unbegrenzte Zeit durchträumen. Dies ist fast schon eine Art Unsterblichkeit, da uns das Erträumte vollkommen real erscheint. Natürlich vergeht für die Außenwelt die Zeit in gewohntem Maße. Da wir mit dieser aber keine Kontaktmöglichkeiten mehr haben, ist die Außenwelt für uns vollkommen irrelevant. Wir wissen ja gar nicht, dass wir träumen. So rettet uns der Geist vor dem Tod, was sein größtes Ziel ist.

Dieser Einstieg reicht eigentlich schon aus für das Verständnis der Dinge. Der geneigte Leser hat nun die Möglichkeit, dieses Buch erst einmal zur Seite zu legen und Schritt für Schritt darüber nachzudenken, was sich daraus für Konsequenzen ergeben. Er kommt so vielleicht von selbst zu den gleichen Erkenntnissen, wie sie hier jetzt im folgenden erläutert werden.

Am Ende dieses Buches werden wir wieder hierher zurückkehren und den Gedanken des Einstiegs zu Ende führen.

2 Was bisher geschah

Von Alters her hat der Mensch versucht, seine Umwelt zu begreifen. Er hat ein tiefes Bedürfnis danach, die Ordnung der Dinge zu erkennen, zu verstehen, warum es sich so verhält und nicht anders. Er erhofft sich, dadurch sein Glück zu finden. Erlösung kann man erst erlangen, wenn man nicht mehr Spielball der Dinge ist. Um dies zu erreichen, beschäftigte sich die Menschheit mit Religion, Philosophie und Naturwissenschaft.

In diesem Kapitel werden wir nun zunächst auf die bisherigen Versuche eingehen, die Ordnung der Dinge zu ergründen. Es erhebt nicht den Anspruch auf Vollständigkeit, es geht vielmehr darum, Dinge hervorzuheben, die uns später hilfreich sein werden. Wir werden die einzelnen Disziplinen untersuchen und dabei explizit ihre ungeklärten Fragen stellen. Alle diese Fragen werden im Laufe unserer Reise ihre Beantwortung finden.

Die Religionen

Um Dinge zu verstehen, die sich dem Verstand einfach entziehen, entwickelten die Menschen die Religionen. Dabei ging die Entwicklung von vielen Göttern über zu einem Allmächtigen. Man erkannte: Gott muss allmächtig sein. Dies ist sozusagen die Grundvoraussetzung für Gott, diese Eigenschaft weist ihn erst als Gott aus. Denn wäre er es nicht, hieße das, dass er Regeln unterworfen ist, und dann wäre nicht er Gott, sondern der Regelerschaffer, bzw. bei Nichtvorhandensein die Regeln selbst. Damit ist auch klar, dass es nur den einen Gott gibt, denn wenn es mehr als ein allmächtiges Wesen gäbe, käme man mit der Allmächtigkeit in Konflikt. Man stelle sich einmal vor, unsere beiden Götter wären in ihrer Allmacht unterschiedlicher Meinung.

Diese Allmächtigkeit wirft aber sowieso sofort ein Paradoxon auf: Nehmen wir einmal an, es gäbe eine unendlich starke Kraft, der nichts wiederstehen kann. Und nehmen wir jetzt zusätzlich noch einen vollkommen unbeweglichen Gegenstand hinzu, der nicht verrückbar ist. Ein allmächtiges Wesen könnte diese zwei Zustände schaffen. Was passiert nun, wenn diese unendlich starke, nichts wiederstehende Kraft auf den vollkommen starren, nichts bewegenden Gegenstand trifft?

Doch zurück zum Thema. Sämtliche moderne Religionen sind also daher monotheistisch, wobei der Hinduismus fälschlicherweise oft als polytheistisch angesehen

wird. Doch sind für den Hindu die verschiedenen Gott-
heiten nur Ausdruck und Manifestationen der verschiedenen Aspekte des Göttlichen. Brahma, Vishnu, Shiva,
Kali oder Ganesh werden nicht als mehrere, nebeneinan-
der existierende Götter verstanden, sondern sind letzten
Endes nur Manifestationen und Symbole für das Absolute, das für den Verstand nicht mehr fassbar ist. Sie sym-
bolisieren Eigenschaften des nicht zu begreifenden.

Zusätzlich gibt es neben der monotheistischen Sicht
noch eine Richtung, die gar ganz auf einen Gott verzich-
tet: Den Buddhismus. So wollen wir nun stellvertretend
für alle andern jeweils einen Vertreter dieser beiden
Richtungen untersuchen: Den Buddhismus und das
Christentum.

Buddha

Buddha, sein richtiger Name war Siddharta Gautama, wurde im 6. Jahrhundert v. Chr. in Nordindien geboren. Sein Vater war der König der Sakyas im heutigen Nepal. Der junge Siddharta wuchs hinter den Palastmauern auf, es fehlte ihm an nichts, alles was zum Wohlbefinden gehört, stand ihm zur Verfügung.

Doch eines Tages wurde er mit dem Elend der Welt konfrontiert. Entsetzt darüber, entschloss er sich, nach einem Weg zu suchen, das Leiden der Menschen allgemein zu beseitigen. Sechs Jahre lang wanderte er durch das Tal des Ganges, traf berühmte religiöse Lehrer, studierte und folgte ihren Systemen und Methoden und unterwarf sich selbst strengen asketischen Übungen. Da ihn dies alles aber nicht weiterbrachte, gab er die überlieferten Religionen und ihre Methoden auf und ging seinen eigenen Weg.

In diesem Bemühen um Erlösung erreichte Siddharta in seinem 35. Lebensjahr die vollkommene Erleuchtung, nach der er als der Buddha – der Erleuchtete – bekannt wurde. Dies geschah am Ufer des Neranjara-Flusses nahe Gaya im heutigen Bihar unter einem Baum, der heute als Bodhi-Baum – Baum der Weisheit – verehrt wird. Von jenem Tage an, hat er 45 Jahre lang vor Männern und Frauen aller Volksschichten, vor Königen und Bauern, Brahmanen und Ausgestoßenen, Geldverleihern und Bettlern, Heiligen und Räubern gesprochen und gelehrt. Im Alter von 80 Jahren verschied der Buddha in

Kusinara im heutigen indischen Bundesstaat Uttar Pradesh.

Buddhas Lehre basiert auf einer nüchternen Betrachtung und Analyse der Dinge. Das Leben wird durch Leid geprägt. Dieses Leid entsteht durch die Unvollkommenheit des Menschen, Bedürfnisse zu befriedigen. So sind diese unbefriedigten Bedürfnisse Grundlage für Gier, Hass und Verblendung. Nur durch das Herunterfahren der Bedürfnisse mit dem Endziel der totalen Beseitigung kann das Leiden beendet werden. Dazu empfiehlt Buddha das Entwickeln von Güte, Mitgefühl, Mitfreude, Gleichmut und Weisheit.

Daraus kann man die Erkenntnis folgern, dass Leid und Unglück immer in einem selbst entstehen, und dass es jeder selbst zu verantworten hat, wenn es ihm nicht gut geht. Ein Gott, andere Menschen oder Ereignisse spielen bei der Erlangung des Glücks überhaupt keine Rolle. Glück oder Unglück entstehen im Geist. Positive Gedanken bedeuten positives schönes Dasein. Auch materieller Besitz kann nichts an unserer geistigen Situation, wie immer sie auch aussehen mag, verbessern.

Das Endziel, die Beseitigung der Begierden und das Entwickeln von Güte, Mitgefühl, Mitfreude, Gleichmut und Weisheit, ist natürlich in der kurzen Zeitspanne eines Lebens nicht zu bewerkstelligen. Doch da der Buddhismus im Einflussbereich des Hinduismus entstand, wurden von dort die Vorstellungen übernommen, dass man einem ständigen Kreislauf von Tod und Wiedergeburt unterliegt, der Reinkarnation, und dass man die Erfolge, bzw. Misserfolge auf seinem Weg zur Erleuchtung in sein neues Leben mitnimmt, was dem Karma entspricht. Dabei sieht Buddha das Karma mehr geistig. Im Hinduismus führt ein schlechtes Karma, das durch fehlerhaftes Verhalten entsteht, zur Wiedergeburt in einer unteren Gesellschaftsschicht, einer niedrigeren Kaste, oder gar zur Wiedergeburt als Tier oder Pflanze. Im Buddhismus bedeutet ein schlechtes Karma, dass man im nächsten Leben vom Unglück verfolgt ein schlechtes Allgemeinbefinden hat und für sich wenig Positives erlebt. Bei einem guten Karma verhält es sich natürlich genau andersherum, wodurch man das Erreichen seiner Ziele, die Beseitigung der Begierden und das Entwickeln von Güte, Mitgefühl, Mitfreude, Gleichmut und Weisheit, natürlich leichter verfolgen kann.

So entwickelt man sich, Leben um Leben, langsam zur totalen Bedürfnislosigkeit. Hat man dies erreicht, hat man auch das letzte Bedürfnis, das nach Leben, beseitigt. Der Kreislauf endet und man wird nicht mehr wiedergeboren. Man geht ein ins Nirwana, dem vollkommenen Verlöschen jeglicher Daseinsform.

Da man unzählige Leben zur Verfügung hat, und es nun wirklich egal ist, wie lange es bis zum Nirwana dauert, wird hier eine Selbsterlösung angestrebt, und ein Gott ist nicht nötig. Man braucht ihn schlicht nicht.

Doch wo ist der Mechanismus des Ganzen? Wie und auf welche Weise übt das Karma Einfluss aus auf das nächste Leben? Warum soll es überhaupt ein solches geben? Und wenn alle ständig wiedergeboren werden und immer mehr dazukommen, dann müsste uns doch immer mehr der Platz ausgehen?

Das Christentum

Im christlichen Glauben existiert als oberste Instanz ein allmächtiges Wesen, Gott genannt. Gott hat alles erschaffen und gibt dem Leben einen Sinn. Er hat Regeln aufgestellt, deren Einhaltung ein ewiges Leben in paradiesischen Verhältnissen garantiert. Erlösung kann man nur durch Gott erfahren, alle Fragen werden irgendwann einmal beantwortet werden. Es wird nichts mehr geben, das einen bekümmert. Übermittelt wurden diese Regeln von Jesus Christus, der von Gott entsandt wurde, uns zu erlösen. Er verlangte grenzenlose Nächstenliebe, totale Bedürfnislosigkeit und absoluten Glauben, um Wohlgefallen zu finden vor Gott.

Da man in Judäa, nicht wie im Gangestal, unzählige Leben zur Verfügung hat, hatte man hier das Problem, dass es ein Mensch in nur einem Leben wohl kaum schaffen dürfte, die gesteckten Ziele zu erreichen. Hier springt Gott ein, indem er die Menschen in ihren Bemühungen unterstützt, ihnen bei Nichtgelingen ihre Unvollkommenheit in seiner Gnade vergibt und sie doch aufnimmt ins Paradies. So verfestigte sich bei vielen der Glaube, dass nicht die Lehre Jesu das Wichtige ist, sondern allein der bedingungslose Glaube. Dies hat den netten Vorteil, dass man so ziemlich alle Verbrechen und Sünden begehen kann, Hauptsache man glaubt an Gott. Das mag mit ein Grund sein, weshalb sich diese Ansicht wohl auch durchgesetzt hat.

Doch wo kommt dieser Gott her, und wieso stellt er diese Regeln auf und keine anderen? Was ist das Paradies, und wieso gibt es das überhaupt? Und wie lässt sich unser Paradoxon lösen?

Damit wollen wir die Betrachtung der Religionen abschließen. Natürlich ließe sich noch viel mehr sagen. Doch soll dies hier ja kein theologisches Buch sein. Solche Bücher gibt es reichlich. Anzumerken ist, dass beide großen Glaubensrichtungen eigentlich dasselbe von ihren Anhängern verlangen. Wenn man nämlich die Lehre Jesu heranzieht und mit Buddha vergleicht, stellt man fest, dass sie gar nicht weit voneinander entfernt sind. Beide streben nach Bedürfnislosigkeit, nach Mitgefühl und Nächstenliebe. Beide stellen positive Gedanken in den Vordergrund. Nur beruft sich der eine auf logische Analytik, Erkenntnis genannt, auf Karma und Reinkarnation, während der andere einen Gott zu Hilfe nimmt, um allem einen Sinn zu geben. Beide geben dieselbe Richtung auf dem Weg zum Glück vor, wobei kurioserweise der Buddhist das ewige Leben von Haus aus hat (Reinkarnation) und es beenden möchte (Nirwana), während der Christ versucht, das ewige Leben erst zu erlangen. Interessanterweise scheint es nur einen Weg zum Glück zu geben, egal wie man sich dieses dann auch immer vorzustellen vermag, selbst wenn die Vorstellungen davon vollkommen gegenteilig zueinander sind.

Die Philosophie

Philosophen versuchen allein unter Zuhilfenahme des Denkens, die Rätsel zu lösen, die durch das eigene Dasein erst entstehen. Dieses Dasein wirft Fragen auf über das Ich und die mich umgebende von mir erfahrene äußere Welt, in der ich eingebettet zu sein scheine.

Typisch für das philosophische Denken ist das Nachdenken über das Denken selbst. Schon immer wird darüber nachgedacht, was der Gegenstand unseres Erkennens eigentlich ist. Erkennen wir die Welt „an sich", so wie sie ist, oder wird sie erst durch unsere Wahrnehmung und unsere geistigen Prozesse zurechtgemacht, ehe sie als Gegenstand dem denkenden Bewusstsein zur Verfügung gestellt wird? Sogar bei der Sinnesempfindung empfindet man ja nur physiologische Prozesse im Körper selbst. Ich nehme oft nur wahr, was für mich als Signal wichtig ist, alles andere streift mich nicht einmal.

So entwickelten sich zwei große Weltanschauungen, über die sich die Gelehrten seit Tausenden von Jahren streiten: Der Idealismus und der Realismus.

Idealismus

Da alle Vorstellungen, die wir über das Leben, über die Natur haben, durch unseren Verstand hervorgebracht werden, können wir uns nach Meinung der Idealisten niemals sicher sein, ob die äußere Welt, die Wirklichkeit, auch mit dem Bild, das uns unser Verstand davon gibt, übereinstimmt. Deshalb müssen wir unterscheiden zwischen der Natur wie sie wirklich ist und der Vorstellung, die wir davon aufgrund unserer Wahrnehmungen haben. Hätten wir andere Sinnesorgane und/oder andere Verstandesstrukturen, würden wir ein völlig anderes Bild von der Natur entwickeln, das wir dann aber für genauso wahr hielten. Eine Ameise beispielsweise wird die Welt wohl völlig anders interpretieren als wir.

Ein radikaler Idealist lehnt gar die Existenz einer äußeren Welt komplett ab, da er ja nie mehr als seine Wahrnehmungen hat, und es damit keine Möglichkeit gibt, eine solche Existenz nachzuweisen.

Diese Sicht der Dinge wirft natürlich sofort eine ganze Reihe von Fragen auf. Wenn es keine konkrete äußere Wirklichkeit unabhängig von uns selbst gibt, wie kann es dann sein, dass jeder Beobachter so ziemlich dieselben Wahrnehmungen darüber hat? Entwickeln alle rein zufällig dieselbe Vorstellung? Das wäre dann aber schon ein ganzer Haufen Zufälligkeiten. Oder gibt es gar ein denkendes übergeordnetes Geschöpf, das alles vorbestimmt einschließlich unserer Selbst und unserer Gedanken, die ja dann auch nur Bestandteil dieses vordenkendes Geschöpfes wären? Eigene Entscheidungen wären unmöglich, auch diese wären ja vorgedacht. Wir wären wie die zweidimensionalen Figuren eines Spielfilms, deren Handlungen unausweichlich unabänderbar vom Zelluloid der Filmrolle vorgegeben sind.

Nichtsdestotrotz hat der Idealismus einen ungeheuren Charme. Denn es stimmt einfach, wir haben ja wirklich nur unsere Sinne und unseren Verstand, um die Welt, ob innere oder äußere zu erfahren. Und in der Tat gibt es keine Möglichkeit nachzuweisen, ob es unabhängig dieses Verstandes eine äußere Welt gibt, oder ob diese äußere Welt mit der inneren, die wir durch unsere Sinne und unseren Verstand entwickeln, übereinstimmt.

Realismus

Der Realist glaubt, dass die äußere Wirklichkeit existiert und dass die Gestirne und alle anderen Dinge unabhängig von uns Beobachtern ihre Bahnen nach den Regeln der Naturgesetze ziehen. Diese Naturgesetze sind universell und für alle gleich gültig. Sie sind zwar durch uns erdacht, haben aber einen direkten Bezug zu der Welt „da draußen". Es gab sie, bevor wir als Beobachter auftraten, und es wird sie noch geben, wenn unsere Art verschwunden sein wird. Der Realist misst dem Beobachter keinerlei Bedeutung zu. Die Welt ist eine Bühne, auf der wir die Statisten sind.

Platon war Idealist, Aristoteles war Realist. Kant war zuerst Realist, dann Idealist, um anschließend gar nicht mehr zu wissen, was er denn nun ist. Descartes Überlegungen gingen von der Frage aus, über was man sich eigentlich wirklich absolut sicher sein kann. Dabei stellt man schnell fest, dass es ein solches Wissen gar nicht gibt. Egal welche Begebenheit wir auch als sicher annehmen, ein Restzweifel, und ist er auch noch so klein, bleibt immer bestehen. Ist die Erde eine Scheibe oder ist sie rund? Sehr wahrscheinlich ist sie rund, aber absolut und hundertprozentig sicher ist das nicht. Entweder sind wir angewiesen auf die Aussagen anderer, die können uns belügen, oder wir sehen selbst nach, dann besteht die Möglichkeit, dass wir uns täuschen, dass uns unsere Sinne einen Streich spielen, dass wir einer Halluzination unterliegen. Wir können uns also bei allem immer nur überlegen, wie wahrscheinlich etwas ist. Damit stellt sich aber die Frage, ob es überhaupt etwas gibt, wo man sich doch nie wirklich sicher sein kann. An diesem Punkt angelangt, war Descartes Idealist. Dann stellte er sich die Frage, ob er sich wenigstens über seine eigene Existenz sicher sein könne. Und hier nun kam er zu dem Schluss, dass er ja etwas zu Hundertprozent besitzt, nämlich den Zweifel selbst an allem Wissen. Und da er damit etwas felsenfest hat, bedeutet dies, dass es ihn auch geben muss. Cogito ergo sum, ich denke also bin ich, müsste eigentlich heißen: dubito ergo sum, ich zweifle, also bin ich. Dies erinnert sehr an Sokrates: „Ich weiß, dass ich nichts weiß." Aber damit weiß ich immerhin eine Sache sicher. Dann habe ich etwas, und dann muss es mich auch geben.

Dies sind alles recht idealistische Gedanken. Um sich wieder in den Realismus hinüber zu retten, unternahm Descartes ein waghalsiges Manöver. Er sagte: „Als denkendes, wenn auch unvollkommenes Wesen ist der Mensch in der Lage, sich ein vollkommenes Wesen, d.h. Gott, vorzustellen." In der Tat genügte ihm das schon als Gottesbeweis. „Denn wie sollte ein unvollkommenes Wesen über einen Gottesbegriff verfügen, wenn der Glaube an Gott ihm nicht angeboren wäre?" „Und da es damit einen Gott gibt," so Descartes, „gibt es auch die materielle Welt." Nun gut. Äußerst gewagt das Ganze.

Überflüssig zu erwähnen, dass der Realismus die Grundlage jeder Wissenschaft ist. Man findet wohl keinen ernstzunehmenden Wissenschaftler, der kein Realist wäre, zumindest während seiner Arbeit. Nach Feierabend kommt aber auch bei den größten Wissenschaftlern der Idealismus immer wieder zutage. Wird eine Formel entdeckt oder erfunden? Existieren Zahlen wie die Kreiszahl Pi (diese Zahl ist eine Irrationale, das heißt, sie findet hinter dem Komma nie ein Ende und ist damit in ihrer Ganzheit nie erfassbar) oder gar die imaginäre Einheit i (i = $\sqrt{-1}$) jenseits unserer Vorstellung?

Der Realismus ist heutzutage die mit am weitest verbreitetste Überzeugung unter der Menschheit, seine Erfolge können schließlich überall in Wissenschaft und Technik bestaunt werden. Wer kein Realist ist, an dessen gesundem Menschenverstand wird allgemein gezweifelt. Kein Wunder, unter dem gesunden Menschenverstand versteht man ja auch all die Erkenntnisse, die der Realismus über die „äußere Welt" zusammengetragen hat, und damit ist der Begriff des gesunden Menschenverstandes ein Produkt des Realismus selbst.

Doch bevor die Technik begonnen hat, unser Leben in einem unglaublichen Ausmaß zu bestimmen, sah das noch ganz anders aus. Die Alchimisten beispielsweise waren davon überzeugt, dass die richtige Geistesverfassung des Experimentators ausschlaggebend an Erfolg oder Misserfolg beteiligt ist, und in vielen Naturvölkern herrscht eine idealistische Weltanschauung vor. Eine alte Weisheit der Navaho: „Etwas existiert solange, bis der letzte Mensch stirbt, der sich daran erinnert.". Das bedeutet umgekehrt, dass etwas erst zu existieren beginnt, wenn sich ein Mensch daran erinnert. Doch obwohl sich der Realismus dem gesunden Menschenverstand als richtig regelrecht aufzudrängen scheint, wir wissen ja jetzt auch wieso, werden wir im nächsten Kapitel die Haken und Ösen dieser Weltanschauung erkennen.

Die Naturwissenschaft

Die religiöse und philosophische Sicht der Dinge hat zwei gravierende Nachteile. Zum einen gibt es keine hieb- und stichfesten Argumente dafür, man muss es einfach in Ermangelung einer anderen Sichtweise glauben. Zum andern wird die Beantwortung der letzten Fragen wenig befriedigend in eine unsichere Zukunft verschoben. So suchten die Menschen Erkenntnisse jenseits des Glaubens, rein auf Basis der Analytik.

Doch hier tauchten sofort die ersten Schwierigkeiten auf, denn jede Erkenntnis beruht auf Erfahrung, ohne zu beobachten, kann man nicht entdecken. Und da man sich ja nie ganz sicher sein kann, dass das subjektiv Beobachtete auch wirklich so ist, stand man vor der Schwierigkeit, nie genau den Wert seiner Erkenntnisse einschätzen zu können. Doch zum Glück war der Mensch nicht allein. Er hatte Gleichgesinnte, und man entwickelte die Meinung, dass alle individuell und unabhängig voneinander zu ihren eigenen, persönlichen Erkenntnissen kamen. Diese Ansicht, die eigentlich nur damit begründet werden kann, dass alle Dinge von so ziemlich allen gleich erkannt werden, bei der es sich aber ansonsten um reine Willkür handelt, ist Voraussetzung für die Einführung einer objektiven Realität, die unabhängig vom Beobachter existiert:

Objektivität besteht aus vielen, von verschiedenen Menschen gemachten subjektiven Betrachtungen, die bei allen im Grossen und Ganzen übereinstimmen. Man könnte sagen, das einzig Objektive das es gibt, ist eine Art Kollektivsubjektivität.

Nur auf dieser Basis jedoch, mit Hilfe dieses Tricks, konnte Erkenntnisgewinn in Form der Naturwissenschaften betrieben werden, weshalb man diese Grundlage wohl auch geschaffen hat.

Doch stand man damit jetzt vor einem anderen Problem. Da Naturwissenschaft im Grunde nur betrieben wird, um die dahinter verborgene, letztendliche Ordnung der Dinge zu verstehen, die Basis dafür aber eine Objektivität ist, die auf Subjektivität errichtet wurde, kann man so gar nie wirklich hinter den Vorhang schauen. Die Grenze des Beobachtbaren ist auch die Grenze der naturwissenschaftlichen Erkenntnis. Damit machte sich die Naturwissenschaft eigentlich schon zu ihren Anfängen überflüssig.

Um trotzdem arbeiten zu können, verschob man die Lösung dieses Problems in die Zukunft: Erst einmal an die Grenze des Beobachtbaren gelangen, dann weitersehen. Und man verdrängte, dass es eine solche Lösung überhaupt nicht geben kann.

So hat nach Entstehung des Realitätsbegriffes auf der Basis der Kollektivsubjektivität und Verfestigung in den Köpfen, die Menschheit Stück für Stück unter Zuhilfenahme der Sinne die Realität untersucht und allgemeine Naturgesetze festgestellt, die alle nur eine Daseinsberechtigung haben: Sie sind für alle gleich. Sobald ein

Naturgesetz irgendwo im Universum nicht zutrifft, ist das ganze Gesetz ungenügend und muss revidiert werden. So blieben nach vielen Jahrtausenden natürlich nur noch die übrig, die auch wirklich überall und für jedermann zutreffen, und so entstand der tiefverwurzelte Glaube, dass es sich dabei um übergeordnete Gesetzmäßigkeiten handelt, die unabhängig vom Beobachter existieren, obwohl sie eigentlich nur durch Beobachtung entstanden sind. Der Realismus begann seinen Siegeszug, und der gesunde Menschenverstand entwickelte sich mit ihm.

Dann kam die Wissenschaft aber an einen Punkt, wo wir mit unseren Sinnen nicht mehr weiterkamen. Nun galt es, Bereiche der Realität zu erforschen, die sich unserer Wahrnehmung entziehen. Wie verhält sich ein Körper, der sich mit annähernder Lichtgeschwindigkeit bewegt? Was geschieht innerhalb eines Atoms? Da wir da nicht einfach nachsehen können, wich man von dem bisher gegangenen Weg der Beobachtung ab und verwendete die Tatsache, dass die Realität logisch aufgebaut ist. Mit Hilfe der Logik konnte man nun Bereiche erforschen und die Realität weiter beschreiben. Erlaubt war dies, denn wenn die gesamte, beobachtbare Realität logisch aufgebaut ist, weshalb sollten dann diese Bereiche es nicht auch sein.

Als erstes nimmt man zu diesem Zweck eine Grundlage, von der man felsenfest überzeugt ist und die mit den Beobachtungen übereinstimmt. Nun baut man Schritt für Schritt logisch auf dieser Grundlage auf und entwickelt damit ein immer größer werdendes Gedankengebäude. Wenn zum Schluss die Endergebnisse wieder mit der

Beobachtung übereinstimmen, kann von der Richtigkeit des Gedankengebäudes ausgegangen werden.

Doch dann entdeckte man etwas, das bis heute für Aufsehen sorgt. Die Bereiche, die nun erforscht wurden, verhalten sich alles andere als logisch, und die Realität, die sich ja auch dadurch definiert, dass sie für alle gleich wirklich ist, also so eine Art Überwirklichkeit bildet, fing an sich zu winden und zu biegen.

Wir werden nun kurz auf die Relativitätstheorie und Quantenmechanik eingehen, ohne uns zu sehr darin zu vertiefen. Es reicht, die Ergebnisse dieser Theorien kurz herzuleiten und zu beschreiben, da uns hier eigentlich nur die Konsequenzen, die diese hervorrufen, interessieren.

Relativitätstheorie

In der zweiten Hälfte des 19. Jahrhunderts wurden Experimente durchgeführt, die den übergeordneten Realitätsbegriff ins Wanken brachten (Michelson-Morley). Diese Experimente bildeten die vorhin erwähnte Grundlage für Einstein. Die einzige Möglichkeit, die Ergebnisse dieser Experimente zu erklären, bestand in der Annahme, dass der Ablauf der Zeit und die Länge von Strecken nicht mehr für alle gleich wären, was bedeutet, dass die Realität von verschiedenen Personen unterschiedlich beobachtet wird. Wenn aber die Realität nicht mehr von allen gleich wahrgenommen würde, bedeutete dies, dass es mehrere Realitäten gäbe. Gibt es aber mehrere Realitäten, gibt es eigentlich gar keine mehr, da sich die Realität ja durch ihre Einzigartigkeit auszeichnet.

Um die Realität zu retten, machte Einstein daraufhin aus der Zeit eine Dimension, die vierte nämlich, und führte den Begriff des raumzeitlichen Abstandes ein: Beobachter nehmen zwar räumliche und zeitliche Abstände unterschiedlich wahr, aber der Raumzeitabstand ist für alle gleich. Was der eine an Zeit kürzer misst, gibt er bei der Strecke wieder her und umgekehrt. Man addiert sozusagen den zeitlichen und den räumlichen Abstand miteinander, das Ergebnis ist für alle gleich. Dies entwickelte er Schritt für Schritt mit kleinen logischen Schritten. Nun musste man nur noch zeigen, dass die Endergebnisse, Zeitdilatation und Längenkontraktion, mit der Beobachtung übereinstimmen, was ja auch bekanntermaßen gelang. Deshalb geht man von der Richtigkeit des Einsteinschen Gedankengebäudes, bekannt als spezielle Relativitätstheorie, aus.

Unter verschiedenen Beobachtern versteht man dabei in der Relativitätstheorie Beobachter, die sich in Bezugssystemen befinden, die sich unterschiedlich zueinander bewegen. Also, ein Beobachter in einem sich nach oben bewegenden Fahrstuhl ist verschieden zu einem Beobachter, der an der Lifttür wartet. Nichtverschieden ist unser Fahrstuhlinsasse zu einem Beobachter, der sich auch im selben Fahrstuhl aufhält, da sich ja beide innerhalb desselben Bewegungs-/Bezugssytems, in diesem Fall dem Fahrstuhl, befinden.

Kaum fertig mit dieser Arbeit ging Einstein daran, eine Theorie über die Gravitation zu entwickeln. Hier hatte er aber ein großes Problem: Gravitation ist nicht greifbar, sie ist einfach nur regungslos vorhanden, nur indirekt bemerkbar über ihren Einfluss auf Körper.
Doch dann entdeckte er eine Begebenheit, die er später als „glücklichster Gedanke meines Lebens" bezeichnete.

Um diesen ach so glücklichen Gedanken nachvollziehen zu können, müssen wir zunächst einmal an Galileo Galilei erinnern. Dieser hat am schiefen Turm zu Pisa allgemein bekannte Fallversuche durchgeführt und dabei festgestellt, dass im Schwerefeld der Erde alle Körper unabhängig von ihrem Gewicht sonderbarerweise gleich schnell zu Boden fallen, eliminiert man den störenden Einfluss des Luftwiderstandes. Angeblich ließ er dabei zwei exakt gleichgroße, aber in ihrem Gewicht stark voneinander abweichende Kugeln gleichzeitig fallen und entdeckte, dass sie trotz ihrer unterschiedlichen Masse auch gleichzeitig unten auf dem Boden aufschlugen.

Nun folgendes Gedankenexperiment: Nehmen wir einmal an, ich säße in einer fensterlosen Kiste auf dem Erdboden. Ich selbst schwebe dann natürlich nicht in der Kiste, sondern werde durch die Erdanziehungskraft gegen den Kistenboden gepresst, und wenn ich eine Münze aus der Hand fallen lasse, so fällt diese unter der Erdbeschleunigung von 9,81 m/s² zu Boden. Ich kann auch andere Gegenstände fallen lassen. Unabhängig von ihrer Beschaffenheit, ihrer Größe, ihrem Gewicht, fallen alle gleichschnell, wie von Galilei entdeckt, mit 9,81 m/s² beschleunigt zu Boden.

Nun nehmen wir diese Kiste von der Erde weg und platzieren sie in die Schwerelosigkeit des Weltraums. Nun schwebe ich in der Kiste und entgleitet meiner Hand etwas, schwebt es neben mir her und fällt nicht zu Boden. Oben am Kistendeckel sei ein sehr langes Seil angebracht. Stellen wir uns jetzt vor, irgendwer zieht an diesem Seil und zwar ganz gleichmäßig so, dass die Kiste mit 9,81 m/s² nach oben beschleunigt wird. Die Kiste bewegt sich nach oben, ich jedoch nicht, da ich ja in ihr Schwebe. Das führt dazu, dass der Kistenboden mir entgegenkommt, mich erreicht und sich gegen mich presst. Nun „sitze" ich in der Kiste und werde mit ihr mit 9,81 m/s² nach oben beschleunigt. Entgleitet mir jetzt wieder die Münze aus meiner Hand, so bleibt sie an Ort und Stelle, während ich samt dem Rest der Kiste mit 9,81 m/s² nach oben entfleuche. Nun kommt der Kistenboden der Münze entgegen, und wenn er sie erreicht, wird sie auf dem Boden aufschlagen. Von mir aus gesehen, sah ich dann, wie die Münze zu Boden „fiel". Und egal, was ich auch für Gegenstände verwende, unabhängig von ihrer Beschaffenheit, ihrer Größe, ihrem Gewicht, „fallen" alle gleichschnell, wie von Galilei entdeckt, mit $9{,}81$ m/s² beschleunigt zu Boden. Zumindest von mir aus gesehen. Es gibt für mich keinen Unterschied zwischen der Situation „Kiste auf dem Erdboden" und „Kiste im Weltraum nach oben mit $9{,}81$ m/s² beschleunigt". Ich müsste dazu nach draußen schauen, innerhalb der Kiste kann ich keinen Unterschied feststellen.

Und nun sagt Einstein folgendes: Wenn man nicht unterscheiden kann zwischen einem beschleunigten System und einem System im Gravitationsfeld, dann bedeutet das, dass es keinen Unterschied gibt zwischen diesen Systemen, und dann gilt für beide dasselbe.

Und damit hatte er das nötige Rüstzeug geschaffen, um die Gravitation zu erklären. Wie sich Dinge im beschleunigten System verhalten wusste er, das konnte er ja direkt durch Beobachtung feststellen. Dies musste er dann nur noch analog auf Schwerefelder übertragen. So kam es zu Einsteins Gravitationstheorie, besser bekannt unter dem Namen: Allgemeine Relativitätstheorie. Heute ist diese Theorie die experimentell mit am besten bestätigte aller Zeiten.

Mit seinen Theorien wertete Einstein den Begriff des Beobachters in der Naturwissenschaft auf. Eigentlich wollte diese ja im Sinne des Realismus herausfinden, wie sich die Dinge unabhängig vom Beobachter übergeordnet verhalten, nun hat sich die Situation aber grundlegend verändert. Ich in meiner Kiste sitzend sage, dass ich auf der Erde bin. Unser Freund, der am Seil zieht, sieht das völlig anders. Beide haben wir von unserem Standpunkt aus Recht, keiner hat Unrecht. Ein Ergebnis der speziellen Relativitätstheorie ist die Relativität der Gleichzeitigkeit: Ereignisse, die für einen Beobachter absolut gleichzeitig stattfinden, finden für einen anderen Beobachter nicht gleichzeitig statt. Die Herleitung dieser Relativität möchten wir uns schenken, sie würde bei weitem den Rahmen dieses Buches sprengen. Wichtig ist für uns auch hier, dass beide Beobachter auch in diesem Falle Recht haben, keiner hat Unrecht. Haben denn nun diese beiden Ereignisse gleichzeitig stattgefunden oder nicht? Das hängt vom Beobachter ab: Für den einen ja, für den andern nein. Die Relativitätstheorie fragt nicht, wie sich die Dinge unabhängig vom Beobachter übergeordnet verhalten, wie die Dinge „wirklich" sind, sie sagt vielmehr, dass es solch eine Wirklichkeit gar nicht gibt. Jeder Beobachter hat seine Wirklichkeit. Man untersucht die Beobachtung des einzelnen und kann auch vorhersagen, was er beobachten wird, mehr nicht. Nun kommt dadurch die Relativitätstheorie aber mit dem Realismus ins Gehege, zumindest bekommt dieser erste schwere Risse. Deswegen hört man auch oft die Aussage: Die Relativitätstheorie verstößt gegen den gesunden Menschenverstand. Wir dürfen nicht vergessen, dass dieser gesunde Menschenverstand ein Produkt eben des Realismus ist.

Wenn es nun aber vom Beobachter abhängt, was beobachtet wird, drängt sich unwillkürlich die alte Frage der Idealisten nach dem wirklichen Wesen der Realität auf:

Was ist, wenn es gar keinen Beobachter gibt? Gibt es dann noch etwas zu beobachten?
Diese Frage führt uns nun direkt zur Quantenmechanik.

Quantenmechanik

In der Quantenmechanik wurde es noch abstruser. Hier wurde sogar die Logik außer Kraft gesetzt, das Wirkungsprinzip abgeschafft. Daher arbeitet man in diesem Bereich mit der Wahrscheinlichkeitsrechnung. Das alte Prinzip, fällt ein Apfel vom Baum, brauche ich nicht hinzusehen, um zu wissen, dass er zu Boden fällt, gilt hier nicht mehr. Fällt in der Quantenmechanik „ein Apfel vom Baum", kann so ziemlich alles passieren.
Nun ist dies aber eine schizophrene Situation: Man hat mit Hilfe der Logik die Quantenmechanik aufgebaut und dann festgestellt, dass sie dort nicht gilt.

Die gesamte Quantenmechanik basiert auf der berühmten Unschärferelation von Werner Heisenberg. Um zu verstehen, was es damit auf sich hat, stellen wir uns doch einfach einmal eine Kammer vor, in der sich ein Elektron befindet. Nun wollen wir alles über dieses Elektron erfahren: Wo es ist, ob es sich gerade bewegt oder still in einer Ecke liegt, u.s.w.

Doch zuerst folgende Überlegung vorneweg: Stellen Sie sich vor, Sie fahren mit dem Auto, und ein Polizist möchte mit einer Radarpistole Ihre Geschwindigkeit messen; dazu schickt er einen Laserstrahl hinter Ihnen her. Der Laser prallt auf Ihr Auto und wird reflektiert. Dann schickt er einen zweiten Laserstrahl. Aus den unterschiedlichen Laufzeiten kann nun Ihre Geschwindigkeit berechnet werden. Doch handelt es sich dabei auch wirklich um Ihre tatsächliche Geschwindigkeit?

Prallt der Laser nämlich beim erstenmal auf Ihr Auto, schiebt er es damit natürlich auch ein kleines bisschen an. Ihr Wagen wird dadurch beschleunigt, und der Polizist erhält ein falsches Ergebnis. Jetzt könnte man einwenden, dass man schließlich diesen Umstand kennt, und dass man dies ja in die Berechnung mit aufnehmen könnte. Doch dazu müsste man die Geschwindigkeit des Autos vor dem Aufprall des Laserstrahls kennen, und genau diese will der Polizist ja erst ermitteln.

Natürlich ist der Fehler winzig klein, da die Masse des Autos im Vergleich zum Laserstrahl riesig ist. Doch interessiert uns hierbei nicht die Quantität, sondern nur der Umstand.

Wenden wir uns nun nämlich mit unserer Radarpistole dem Elektron in der Kammer zu, passiert etwas sehr Gravierendes, da das Elektron sehr klein ist (ein Elektron hat eine Masse von $9 \cdot 10^{-31}$ kg). Der Laserstrahl prallt auf das Elektron, das daraufhin regelrecht hinwegkatapultiert wird. Da es ja darum geht, die Geschwindigkeit des Elektrons zu bestimmen, die es unabhängig von der Messung hat, hätte eben diese Geschwindigkeitsmessung einen riesigen Unsicherheitsfaktor.

Und wollten wir das Elektron beispielsweise mit Blitzlicht fotografieren, um seinen Ort zu bestimmen, würden die Lichtteilchen, die Photonen, des Blitzes auf das Elektron einprasseln, und alles, was wir auf dem Foto sehen könnten, wäre ein verschwommener unscharfer Streifen, der gerade aus dem Bild hinauseilt. Deshalb wären wir darin bemüht, die Intensität unseres Blitzes sehr, sehr klein zu wählen. Doch was geschieht, wenn man mit weniger Licht fotografiert? Das Bild, das man erhält, wird immer unschärfer und unklarer.

Um dennoch den Ort ziemlich genau bestimmen zu können, müssten wir in rascher Folge viele Bilder schießen. Bei jeder Aufnahme jedoch würden wir die Geschwindigkeit und die Richtung des Elektrons verändern. Diese Daten wären damit sehr ungenau. Und wollten wir die Geschwindigkeit + Richtung bestimmen, dürften wir nur sehr wenige Bilder schießen. Damit wüssten wir dann aber sehr wenig über den Ort.

Wir können machen, was wir wollen: Nie wissen wir genau Bescheid über Ort und Geschwindigkeit des Elektrons. Je genauer das eine, umso ungenauer, unschärfer das andere.

Dies liegt nicht etwa daran, dass wir Strahlung zur Beobachtung verwendet haben. Nehmen wir einmal an, unser Elektron bewegt sich in der Kammer von links oben nach rechts unten. Man könnte nun Glocken in die Kammer hängen, um diese Spur zu verfolgen. Jedesmal, wenn eine Glocke ertönt, wüssten wir, dass dort das Elektron vorbeiflog. Bei jedem Kontakt zwischen einer Glocke und dem Elektron aber, würde dieses aus seiner Bahn gelenkt. Hängen wir sehr viele, sehr kleine Glocken auf, kennen wir sehr genau den jeweiligen Aufenthaltsort, doch wird dabei unser Elektron ständig in seiner Geschwindigkeit und Richtung abgelenkt. Hängen wir dagegen nur zwei sehr große Glocken auf, ist die Geschwindigkeit recht genau zu ermitteln, aber der Aufenthaltsort ist sehr unscharf.

Damit ist es unmöglich, genau zu wissen, in welchem Zustand das Elektron war, bevor wir unsere Beobachtung durchgeführt haben, also in welchem Zustand das Elektron unabhängig von unserer Beobachtung ist.

Egal welche Messtechniken wir verwenden, egal wie sehr wir auch unsere Beobachtungsmethoden verfeinern: ein Grad von Unschärfe bleibt immer erhalten, da wir bei jeder Beobachtung auf das zu Beobachtende einwirken. Und um den Einfluss dieser Wirkung miteinrechnen zu können, müssten wir ja erst genau wissen, wo, wie schnell und in welcher Richtung das Elektron unterwegs ist. Aber genau das wollen wir ja erst feststellen!

Es gäbe nur eine Möglichkeit, die Unschärfe auszuschließen: Wir müssten beobachten, ohne zu beobachten. Dies ist natürlich Unfug.

[1]

Das führt uns zu einer interessanten Frage: Gibt es irgendwo im Universum ein ruhendes, ein impulsloses Elektron? Wir können Jahrtausende überall suchen, nie werden wir einem begegnen. Sobald wir ein Elektron entdecken, huscht es durch unsere Beobachtung davon, egal, in welchem Zustand es sich auch vorher befand. Wenn wir aber nie einem ruhenden, impulslosen Elektron begegnen, gibt es dann so etwas überhaupt?

Der Aufenthaltsort unseres Elektrons in der Kammer ist restlos unbestimmt. Es ist sozusagen überall in der Kammer gleichzeitig, es „verschmiert" sich über den ganzen Raum. Erst wenn ich messe, bekomme ich vage Daten. Damit kann ich aber nur Wahrscheinlichkeiten angeben, wo das Elektron anzutreffen ist. Und durch den Zusammenhang zwischen Orts- und Geschwindigkeitsunschärfe wird die beobachtete Realität durch den Beobachtungsvorgang bestimmt (der Beobachter entschei-

det, ob das Elektron einen ziemlich genauen Ort ein-
nimmt oder eine ziemlich genaue Geschwindigkeit hat).
Diese beobachtete Realität gibt es wirklich, aber es lässt
sich nicht sinnvoll sagen, dass sie ohne einen Beobachtungsvorgang existiert, da sie ja erst durch ihn geschaffen wird.

Somit sind wir bei der Hauptdeutung der Quantenmechanik, der Kopenhagener Deutung von Niels Bohr,
angekommen: Ein Elektron existiert nur als eine Art
Wahrscheinlichkeitswelle. Es ist gleichzeitig überall, es
verschmiert sich sozusagen über das gesamte Universum. Erst wenn ich es beobachte, materialisiert es sich in
einem bestimmten Bereich, den ich nicht vorhersagen
kann. Ich kann nur Wahrscheinlichkeiten angeben, wo
der wohl sein wird.

Wie kann es dann aber sein, so fragt man sich, dass sich
das Elektron für alle Beobachter am selben Ort materialisiert? Entscheidet dies etwa der erste, der beobachtet?
Und was ist, wenn niemand beobachtet? Gibt es dann
noch überhaupt etwas?

Hier wird doch nicht der Realist Niels Bohr gar zum
Idealisten werden, und das, wo der Realismus die
Grundlage seiner Wissenschaft ist?

Um diese Deutung verständlicher zu machen, kann man
Beispiele aus unserem Alltag verwenden. Wenn ich mit
einem Würfelbecher und einem darinenthaltenen Würfel
würfle und zwar so, dass sich der Würfel nach dem Wurf
uneinsehbar für alle unterhalb des Bechers auf dem
Tisch befindet, kann man sich fragen, welche Zahl wohl
oben liegt. Nach der Quantenmechanik jedoch nimmt

der Würfel noch gar keine Zahl an. Er befindet sich sozusagen im Zustand des Flusses. Erst wenn ich ihn beobachte, also den Becher nach oben hebe, materialisiert
sich der Würfel und nimmt eine Zahl an. Also entscheide
ich durch meine Beobachtung, welche Zahl oben liegt.

Diese Deutung ist übrigens nicht an den Haaren herbei-
gezogen, sondern sie entspricht dem Stand der Wissenschaft, die wohlgemerkt auszog, die Realität zu ergründen. In der Tat stimmt die Quantenmechanik mit allen
experimentellen Daten vollkommen überein, und sie
liegt fast der gesamten heutigen Technologie zugrunde.

Nun könnte man aber einwenden, dass die Quantenphänomene auf den subatomaren Raum begrenzt sind, in
unserer Welt erleben wir schließlich keine Tunneleffek-
te, etc. Wir hatten es ja auch nur von einem klitzekleinen
Elektron. Wäre ein Stuhl oder ein Tisch in unserer Kammer, so würden sich diese ja bei Beobachtung nicht
verschmieren. Doch dies ist ein Irrtum, auch diese verschmieren, aber aufgrund ihrer großen Masse viel weniger als das Elektron. So sehen wir es mit unseren groben
Sinnen nur nicht. Und die anderen Quantenphänomene,
die sich aus der Heisenbergschen Unschärferelation ergeben, wie z.B. der Tunneleffekt, finden auch bei uns in
der Makrowelt statt. In der Quantenmechanik geht es,
wie gesehen, um Wahrscheinlichkeiten und dabei gilt: Je
größer die Masse, umso unwahrscheinlicher das Eintreten eines Quantenphänomens. Das heißt, dass diese auch
in unserer Makrowelt vorkommen können, nur ist die
Wahrscheinlichkeit sehr gering. Schließlich sind die
Massen unserer vertrauten Körper ja auch gigantisch
größer als die eines Elektrons.

Erwin Schrödinger, einer der ganz großen Quantenmechaniker, hat mit einem berühmtgewordenen Gedankenexperiment versucht aufzuzeigen, dass Ereignisse, die im Quantenraum auftreten, einen direkten Einfluss auf die Makrowelt ausüben. Er nimmt dabei eine Stahlkammer, in der ein Geigerzähler neben einem radioaktiven Atom steht. Registriert der Geigerzähler einen radioaktiven Zerfall, wird ein tödliches Gift freigesetzt. Nun sperrt er eine Katze in diese Kammer und verschließt sie. Zerfällt das Atom, stirbt die Katze.

Nun ist die Frage während die Kammer verschlossen ist: Lebt die Katze noch oder ist sie tot?

Der Quantenmechanik zufolge, befindet sich das radioaktive Atom im Zustand des Flusses. Erst wenn es beobachtet wird, entscheidet es sich. Es nimmt bis dahin einen Mischzustand aus beidem an, es ist sozusagen zerfallen und auch nicht. Damit gilt dies aber auch für die Katze. Sie ist weder tot noch lebendig. Erst durch meine Beobachtung bei Öffnen der Kammer, wandelt sich der vermischte, halbtote Katzenzustand von weder tot noch lebendig in den einen oder anderen.

Doch kann eine Katze tot und lebendig sein, nur weil ich sie nicht beobachte? Und weshalb entscheidet sie sich zum einen oder anderen, nur weil ich sie beobachte?

Wenn Sie, lieber Leser, nun am Verzweifeln sind, weil Sie all das hier nicht so richtig verstanden haben und erst recht nicht glauben können, kann ich Sie beruhigen. Dieses Buch hat nicht vor, die Theorien der modernen Physik bis ins Kleinste zu behandeln oder gar als Voraussetzung zu nehmen. Es gibt viele andere Bücher dieses Themas. Allein wichtig für uns ist die Erkenntnis, wieweit uns die Wissenschaft mit ihrem Verbündetem, dem Realismus, gebracht hat: Den Realismus als Grundlage nehmend, entwickelten die Physiker eine immer tiefergehende Weltanschauung, um zum Schluss den Realismus als falsch zu entlarven. Das ist schon recht kurios. Zuerst hatten die Menschen eine idealistische Weltanschauung (Navaho), dann wurde diese durch Wissenschaft und Technik vom Realismus abgelöst, und nun gewinnt eben durch diese Wissenschaft der Idealismus wieder Oberwasser. Dabei ist der in den Köpfen betonierte Realismus schuld an unseren Schwierigkeiten, die moderne Physik zu verstehen. Ein Idealist hätte es leichter. Schrödinger, der mit der Katze, hat einmal gesagt: Man kann die Quantenmechanik eigentlich gar nicht verstehen, man kann sich nur an sie gewöhnen. Erwähnt sei noch einmal, dass die Quantenmechanik und die Relativitätstheorie die experimentell am genauesten und am häufigsten bestätigten Theorien aller Zeiten sind. Es sind keine abgehobenen Spinnereien einiger vermeintlicher Superhirne. In der Tat liegen diese Theorien fast der gesamten heutigen Technologie zugrunde.

Wir sehen also, die Naturwissenschaft ist am Ende ihrer Entwicklung angekommen, was zu beobachten ist, hat sie beschrieben. Um tiefer zu blicken, als man blicken kann, müsste sie jetzt die Grundlagen, auf denen sie aufgebaut wurde, beseitigen. Wir erinnern uns: Die Basis ist eine Objektivität, die auf Subjektivität errichtet wurde, einer Kollektivsubjektivität.

Wir stehen an der Grenze des Beobachtbaren, und sobald wir versuchen, einen Blick über die Grenze zu wagen, bricht der Realitätsbegriff in sich zusammen. An der

Grenze des Beobachtbaren gibt es so etwas wie eine für alle gleiche Überwirklichkeit nicht. Was aber für die Grenze gilt, gilt das nicht auch für alles andere? Was für ein Elektron gilt, gilt das nicht auch für all das, was aus Elektronen und den anderen subatomaren Teilchen besteht? Was für das radioaktive Atom in der Stahlkammer gilt, gilt doch wohl auch für die Katze.

Nach Tausenden von Jahren, nach unzähligen Überlegungen und Experimenten, bleiben zum Schluss bei allen drei Ansätzen, der Religion, der Philosophie sowie der Naturwissenschaft, also Fragen über Fragen. Je tiefer diese blickten, umso verworrener und ungeklärter wurden die Dinge. Nun gilt es, all diese hier gestellten Fragen, befriedigend zu beantworten. Wir werden nun die nötigen Vorbereitungen treffen. Nur noch ein wenig Geduld.

3 Die Vorbereitungen

Der Geist

Da ab sofort immer wieder vom „Geist" die Rede sein wird, möchte ich zunächst kurz erläutern, was genau damit gemeint ist:
Obwohl mein Geist eine Einheit darstellt, weist er doch zwei unterschiedliche Bereiche auf: Das Bewusstsein und das Unterbewusstsein.

Der bewusste Teil meines Geistes ist der, der Entscheidungen trifft. Charakteristisch für ihn ist, dass ich hier die Freiheit der Wahl besitze. Hier im bewussten Teil kann ich entscheiden, was wünschenswert für mich ist und was nicht. Hier löse ich auch die Handlungen aus, um das zu erreichen, was ich will. Weil ich mit dem Bewusstsein denke, fühle und handle, identifiziere ich meine Person mit diesem Teil meines Geistes. Er ist sozusagen Ich.

Das Unterbewusstsein arbeitet unablässig im Hintergrund. Es entwickelt unabhängig von mir Gefühle und Gedanken und spielt diese in mein Bewusstsein ein. Es trägt die Verantwortung für meine gewohnheitsmäßigen, automatischen Handlungen im Alltag wie auch für meine kreativen Gedächtnisleistungen. Man könnte sagen: alles, was ich nicht vorsätzlich, eben bewusst, denke, fühle, tue, kommt aus meinem Unterbewusstsein.

Ich weiß weder wie das Unbewusste fühlt, noch wie es arbeitet. Umgekehrt jedoch weiß das Unterbewusstsein jede Einzelheit, was ich denke, was ich fühle und was in mir vorgeht. Beide Bereiche hängen zusammen, wobei genaugenommen das Bewusstsein ein kleiner Teil des Unterbewusstseins ist und von diesem hervorgebracht wird. Das Unterbewusste beeinflusst mich direkt, während ich mit all meinen Gedanken und Gefühlen, sehr mühsam zwar, auch auf das Unterbewusste einwirke. Möchte ich beispielsweise etwas auswendig lernen, so ist eine lange, ständige Wiederholung von Gedankenabläufen nötig, damit das Erlernte aus dem Unterbewusstsein bewusst abrufbar wird. Bin ich schüchtern, so ist ein jahrelanges Training nötig, um die Schüchternheit abzubauen.

Ein treffendes Bild für den Vergleich der Bereiche Bewusstsein und Unterbewusstsein hat Sigmund Freud gegeben mit dem Beispiel vom Eisberg: Er ist zu etwa 10 % seiner Höhe über dem Meereswasser und neun Zehntel darunter. Der sichtbare Teil wäre das Bewusstsein und der andere, nicht sichtbare Teil das Unterbewusstsein. Der gesamte Eisberg wäre dann mein Geist.

Nun aber zurück zum Thema.

Realität und Traum

Unter Realität verstehen wir all die Dinge, die unabhängig von uns, unabhängig von einem Beobachter ablaufen, und wir können sie nur sehr begrenzt im Zusammenspiel mit allen anderen Dingen beeinflussen und verändern. Wir sind eingebettet in sie und erfahren sie durch unsere Sinne.

Deswegen muss man die Frage stellen, ob diese Realität wirklich so real ist, wie sie uns erscheint. Sehen wir auf einer Wiese einen Baum stehen, so drängt sich die Frage auf, ob dieser Baum auch noch dasteht, wenn wir uns umdrehen, genauer, wenn wir nicht mehr mit ihm wechselwirken. Tatsächlich ist diese Frage durch nichts beantwortbar. Deshalb bedienen wir uns eines Tricks: Wir ziehen eine andere Person hinzu, die für uns den Baum beobachtet und uns mitteilt, dass er noch dasteht. Abgerundet wird das Ganze dann durch die Erinnerung. Das Wissen über die Vergangenheit ist wesentlicher Bestandteil der Realität, denn nur, wenn der Baum immer an seinem Platz steht, glauben wir auch der hinzugezogenen Person.

Ein Aschenbecher auf einem Tisch ist nur dann wirklich real, wenn ihn auch die anderen Menschen wahrnehmen. Ist dies nicht der Fall, so meinen wir, eine Halluzination erlebt zu haben. Realität entsteht also durch die gemeinsame, gleiche Wahrnehmung aller Anwesenden, einer Art Kollektivwahrnehmung.

Dasselbe gilt auch für unser Wissen über die Vergangenheit. Nur durch das Abgleichen unserer Erinnerungen mit denen anderer, bildet sich so etwas wie eine Realitätsvergangenheit, die dann auch für uns wirklich so stattfand. Widersprechen einem alle bei irgendeiner vergangenen Begebenheit, sagt man sich recht schnell, dass man da wohl geträumt habe und übernimmt die Sicht der anderen. Selbst wenn es keine Zeitzeugen mehr gibt, weil die Ereignisse Jahrhunderte her sind, findet ein solches Abgleichen statt. Es muss schon in allen Geschichtsbüchern über Karl den Großen berichtet werden, es müssen sich da schon alle ziemlich einig sein, erst dann glaubt man auch den Historikern. Davon abgesehen steht die Geschichtsschreibung auf sehr wackligen Füssen. Es handelt sich dabei eher um einen Glauben, denn um eine Wissenschaft.

Zusammenfassend brauchen wir also zwei Dinge, um Realität als solche zu begreifen: Kollektivwahrnehmung und Realitätsvergangenheit.

Nun erleben wir noch eine weitere Daseinsform, den Traum. Der Traum entsteht in unserem Geist. Während wir uns im Traum befinden, haben wir keine Möglichkeit festzustellen, ob es sich um einen Traum handelt oder um Realität. Erst durch den jeweiligen Übergang von der einen zur anderen Phase, in diesem Falle dem Erwachen, stellen wir fest, dass es sich um einen Traum gehandelt hat. Dasselbe gilt aber auch für die Wachphase. Jederzeit könnten wir aufwachen und feststellen, dass wir in Wirklichkeit geträumt haben. Selbst die Behauptung, dass das, was wir als unser Leben bezeichnen, nur ein sehr langer Traum ist, kann durch nichts widerlegt werden.

Kurios wird die Sache dann, wenn man träumt, dass man träumt, dass man träumt, dass man träumt, ...Erwacht man aus dem ersten Traum, meint man unumstößlich, sich in der Realität zu befinden. Doch dann erwacht man wieder, und wieder ist man der Meinung, jetzt in der Realität zu sein, u.s.w. Irgendwann einmal erwacht man nicht mehr weiter, worauf sich das Gefühl verfestigt, nun wirklich nicht mehr zu schlafen. Die Realität scheint in diesem Zusammenhang der Traum zu sein, aus dem man einfach nicht mehr erwacht.

Zwar erscheint uns der Trauminhalt teilweise unlogisch, manchmal sogar als absolut wirr, so muss man aber feststellen, dass dieses Urteil erst nach dem Erwachen zustande kommt. In der Traumphase selber haben wir keine Schwierigkeiten mit irgendwelchen sonderbaren Abläufen. Es kann mit daran liegen, dass uns hier unser Gedächtnis einen Streich spielt. Da man sich nur an sehr wenig von einem Traum erinnern kann, werden unterschiedliche Traumabschnitte willkürlich im Gedächtnis zusammengefügt, wodurch in der Nachbetrachtung der Ablauf unlogisch erscheint. Wir erinnern uns, dass eine Realitätsvergangenheit nur durch den Abgleich mit anderen entsteht, was beim Traum im scheinbaren Gegensatz zur Realität nicht möglich ist.

Abschließend sei noch gesagt, dass die weitverbreitete Ansicht, im Traum würde das Bewusstsein ausgeschaltet, schlicht falsch ist. Man kann genauso Entscheidungen treffen, man empfindet genauso bewusst Gefühle wie in der Wachphase.

Wir sehen, die Grenzen zwischen Wachen und Traum, zwischen Realität und Vorstellung beginnen zu verschwimmen ....

Die neue Realität

Untersuchen wir nun die Realität genauer. Wie schon gesagt, erfahren wir sie durch unsere Sinne. Wenn wir ein Geräusch hören, so handelt es sich dabei um eine Schallwelle, die durch das Ohr auf unser Trommelfell einwirkt. Über die Mittelohrknochen gelangt der Impuls in unser Innenohr, wo er in einen elektrischen Strom verwandelt und dann ins Gehirn weitergeleitet wird. Erst hier entsteht dann in unserem Geist der Ton. Der Geist deutet dabei den eintreffenden Strom und formt daraus nach seinem Gutdünken ein Bild von der Realität. Realität ist nichts weiter als eine Stromimpulsdeutung des Geistes. Die Annahme, dass dieses Bild dann auch noch einer vom Beobachter unabhängig existierenden Realität genau entspricht, ist rein willkürlich. Schließlich kann unser Geist formen und interpretieren wie er will.

Dies gilt auch für das Sehen. Lichtwellen treffen in unser Auge, werden in einen Strom umgewandelt, und unser Geist erzeugt ein Bild. Dasselbe gilt natürlich auch für die anderen Sinne, wie Geruchs-, Geschmacks- und Tastsinn. Selbst ein Schmerz entsteht nicht dort, wo wir meinen, dass er sei, sondern er entsteht auf die gleiche Weise in unserem Geist. Ein Gelähmter beispielsweise, der seine Beine nicht mehr spürt, kann von dort auch keinen Schmerz mehr empfangen. Ohne Geist, ohne Beobachter gäbe es im Universum damit keinen Schmerz. Also gäbe es auch weder Töne noch Licht. So wie der Schmerz, entsteht der Rest nur im Geist. Ja sogar die Vorstellung über die Sinne und den Stromimpuls sind reine Geistesbilder.

Worin besteht also der Unterschied zwischen Realität und Traum? Wie kann ich feststellen, ob der Aschenbecher wirklich auf dem Tisch steht, da ich ja nur das Bild habe, das mein Geist willkürlich von ihm entstehen lässt? Etwa dadurch, dass die anderen Menschen am Tisch dieselbe Wahrnehmung haben? Aber, wenn der Aschenbecher nur in meinem Geist entsteht, dann gilt dies natürlich auch für all die anderen Dinge. Für den Tisch, für die Stühle, und auch die Menschen am Tisch entstehen dann nur in meinem Geist, womit die kollektive Wahrnehmung, die ich brauche, um Realität festzustellen, zu einer einzigen, nämlich der meinigen verkommt. Dies mag ein wenig absurd klingen. Aber konsequent zu Ende gedacht, besteht kein Unterschied zwischen einem Aschenbecher und einem Menschen, da ja beides in meinem Geist entsteht.

Damit erscheint auch die Vergangenheitsbeurteilung in einem neuen Licht. Wir haben in unserem Geist sozusagen einen Dateiordner namens Gedächtnis. In diesem Ordner hinterlegt unser Geist Dateien und versieht sie mit Datum und Uhrzeit. Dies geschieht recht willkürlich, er unterliegt hier keinen Gesetzen. Auch kann der Geist jederzeit diese Dateien löschen, ändern oder mit neuem Datum versehen. Man muss sich eine fiktive Geschichte nur lange genug selbst einreden, irgendwann glaubt man an ihre Echtheit. Also entsteht auch die Vergangenheit nur im Geist. Und da das Abgleichen der Erinnerung mit anderen, die ja auch nur in meinem Geist entstehen, wenig Sinn macht, kann es eine Realitätsvergangenheit nie geben, weder im Traum, noch in der Realität.

Damit sind die Grundpfeiler objektiver Realitätsbetrachtung, Kollektivwahrnehmung und Realitätsvergangenheit, eingestürzt, und man muss erkennen, dass es keine Möglichkeit gibt, zwischen Traum und Realität zu unterscheiden. Beides entsteht im Geist.

Wenn man aber nicht unterscheiden kann zwischen Traum und Realität, dann bedeutet das, dass es keinen Unterschied gibt zwischen Traum und Realität, und dann ist beides dasselbe.

Noch einmal: Sitze ich an einem Tisch und unterhalte mich mit Freunden, gibt es für mich keine Möglichkeit, weder in der Theorie noch in der Praxis, festzustellen, ob es sich um Realität oder Traum handelt. Jederzeit könnte ich erwachen und merken, es war „nur" ein Traum. Wenn man aber nicht unterscheiden kann zwischen Traum und Realität, dann bedeutet das, dass es auch keinen Unterschied gibt zwischen Traum und Realität.

Hier sei kurz an Einsteins Grundlage zur allgemeinen Relativitätstheorie erinnert:

Es gibt für mich keinen Unterschied zwischen der Situation „Kiste auf dem Erdboden" (die Realität) und „Kiste im Weltraum nach oben mit 9,81 m/s² beschleunigt" (den Traum). Ich müsste dazu nach draußen schauen (aufwachen), innerhalb der Kiste kann ich keinen Unterschied feststellen.

Und nun gilt: Wenn man nicht unterscheiden kann zwischen einem beschleunigten System (dem Traum) und einem System im Gravitationsfeld (der Realität), dann bedeutet das, dass es keinen Unterschied gibt zwischen diesen Systemen, und dann gilt für beide dasselbe.

Realität ist eine andere Form des Traumes oder Traum ist eine andere Form von Realität. Es sind nur unterschiedliche Empfindungen derselben Sache, beides entsteht im Geist. Da man aber das eine braucht, um das andere zu definieren, durch das Aufwachen wird der Traumzustand definiert, durch das Nichtaufwachen die Realität, macht die Benützung dieser Begriffe keinen Sinn mehr. Wir können sie getrost abschaffen und stattdessen, da beides Zustände des Geistes sind, den Begriff „Geistzustand" verwenden. Sollten wir dennoch hier und da auf die Begriffe Traum oder Realität zurückgreifen, werden wir nicht mehr das Althergebrachte darunter verstehen, sondern wir werden ab sofort grundsätzlich unsere neue Geistzustandsdefinition damit meinen.

Betrachtung der neuen Realität

Nun wollen wir die neue Realität betrachten und dabei konkret überlegen, was wir bis jetzt entwickelt haben. Vorher möchte ich aber hier noch einmal explizit an unsere drei Grundprinzipien erinnern:

1) Denke Thesen konsequent bis zum Ende
2) Akzeptiere logische Schlussfolgerungen ohne Tabus
3) Vermeide alles Unnötige

Mein Geist, gemeint ist mein Bewusstsein und mein Unterbewusstsein, ist das einzige, das wirklich existiert. Alles andere, Tische, Häuser, Bücher, ja sogar Sie, mein verehrter Leser, sind Zustände meines Geistes. Dabei werde ich persönlich, der Zustand meines Handelns im Geist, der Zustand meines Denkens, durch das Bewusstsein ausgemacht. Es ist sozusagen das Ego, während das weite, viel größere Feld des Unterbewussten der Teil meines Geistes ist, der unabhängig vom Ego Dinge im Geist entwickelt, Geschehnisse einspielt. Dabei sind beide Bereiche natürlich nicht strikt getrennt voneinander, sondern wirken aufeinander ein und beeinflussen sich. Wie genau und weshalb überhaupt, werden wir in einem späteren Kapitel erfahren.

Sitze ich in einem Zimmer, produziert mein Geist alles, was ich sehe und spüre. Außerhalb dieser erfassten Welt existiert nichts, da es eine Welt außerhalb gar nicht gibt. Bellt draußen ein Hund, entsteht in meinem Geist der

Ton des Bellens, den Hund selbst gibt es nicht. Auch wenn mich jemand, ein Bekannter, durch die geschlossene Tür ruft, gibt es nur den Ton. Erst wenn die Tür geöffnet wird, und er hereintritt, entsteht dieser Bekannte in meinem Geist. Verlässt er das Zimmer wieder, endet auch seine Existenz. Setzt er sich jedoch zu mir an den Tisch mit dem Aschenbecher darauf, erzählt er mir, der Aschenbecher sei real. Doch nicht nur der Tisch, der Aschenbecher, sondern eben auch dieser Bekannte entsteht nur in meinem Geist und damit natürlich auch das, was er erzählt. Dasselbe gilt auch für meinen eigenen Körper. Meine eigene Hand sprichwörtlich vor Augen entsteht im Geist. Schlage ich mit einem Hammer darauf, entsteht der Schmerz dort, wo auch der Rest der Hand entsteht: in meinem Geist. Laufe ich nun durch eine belebte Innenstadt, ist mein Geist das einzig Lebende. Alles um mich herum sind nur Zustände, entwickelt von meinem Geist. Fliegt mein Bekannter in den Urlaub, sagen wir nach Kreta, dann geschieht dies gar nicht. Auch Kreta existiert nicht, sondern nur die Vorstellung, die ich davon habe. Ruft er dann aus Kreta an, existiert nur der Gesprächston als Zustand in meinem Geist.

Das bedeutet wohlgemerkt nicht, dass nichts außer meinem Geist existiert. Alles was er erschafft, ist existent, ist vorhanden, aber nur, wenn er es erschafft, und solange er es erschafft, genauso wie ein Schmerz oder ein anderes Gefühl existent ist. Die Realität wie ich sie kenne, bleibt damit vollständig erhalten und ist für mich absolut wirklich, und damit ist sie absolut wirklich, da ich die einzig existente Instanz bin. Eine Überrealität, eine Überwirklichkeit jenseits meines Geistes existiert nicht.

Dies führt augenblicklich zu der Frage: Wenn nichts außer meinem Geist existiert, wie kann ich mir dann sicher sein, dass überhaupt er existiert? Doch da er die einzig existente Instanz ist, ist alles, was er als wirklich, als real deutet, auch wirklich und real. Damit erübrigt sich diese Frage, da er sich zweifelsfrei als real deutet. Anders ausgedrückt: Die eigene Existenz habe ich, die ist Fakt, die spüre und erlebe ich. Sie zu leugnen widerspricht ganz einfach den von mir erlebten Tatsachen. Cogito ergo sum.

Man könnte natürlich annehmen, dass es eine Überwirklichkeit gibt, dass Kreta unabhängig von meinem Geist existiert. Aber dafür gibt es keinerlei Argumente, das wäre einfach eine willkürlich gemachte Annahme, für die es eigentlich gar keinen Grund gibt, und wir verstießen damit gegen unser drittes Grundprinzip.

Nun können wir auch die Probleme der Quantenmechanik lösen, denn was für ein Elektron gilt, gilt natürlich auch für alles andere. Für den Würfel, für den Tisch, für die Stühle und auch für die anderen Beobachter. Alles entsteht nur in meinem Geist. Der Würfel unter dem Becher kann gar keine Zahl annehmen, da er erst durch das Aufdecken in meinem Geist zu existieren beginnt. Und wenn ein anderer unter den Becher schielt und verkündet, dass er den Würfel unabhängig von mir sähe, so müsste ich ihm entgegnen, dass ja auch er selber nur in meinem Geist existiert und somit auch seine Aussage. Und Schrödinger's verrückte Katze ist wirklich weder

tot noch lebendig, da sie ja erst nach Öffnen der Stahlkammer in meinem Geist existent wird.

So sind die Ergebnisse der Quantenmechanik nicht aben-
teuerlich oder gar verrückt, während sich der Rest der
Welt normal verhält. Eine Tischplatte ist einfach nur
eine Tischplatte. Sie besteht nicht aus Atomen, aus
Quarks und Elektronen, sondern sie ist nur ein Geistzustand, so wie die Vorstellung von Atomen, Quarks und
Elektronen auch.

Auch die Vergangenheit, die Historie, entsteht nur in
meinem Geist. Hat Karl der Große wirklich gelebt?
Wenn mein Geist es so will, dann hat er. Ein Teil des
Geistes wird als Gedächtnis bezeichnet, hier entsteht die
Erinnerung und damit die Vergangenheit. Dass der Eiffelturm in Paris steht, liegt nur daran, dass mein Geist
das so hinterlegt hat. Er könnte dies aber auch „umpro-
grammieren", dann stünde der Eiffelturm beispielsweise
in Rom. Wenn er alle Dateien umprogrammiert, stand
der Eiffelturm dann auch immer in Rom, und alle anderen, die ja auch nur Geistzustände sind, wären dann genauso von der Umprogrammiererei betroffen und würden zustimmen. Käme jemand und würde behaupten, der
Eiffelturm stünde in Paris, würde ich an seinem gesunden Menschenverstand zweifeln. Damit will ich sagen,
dass der Eiffelturm nach der Umprogrammierung nicht
früher in Paris stand, sondern er stand dann wirklich
immer in Rom. Der einzige Grund, weshalb uns unser
Gedächtnis so unbestechlich exakt vorkommt, ist der,
dass uns keiner widerspricht. Die Vergangenheit ist somit genauso real wie die sogenannte bisherige Realität,
die Überrealität.

Diese neue Sicht der Realität mag einem fremd und un-
gewohnt erscheinen, doch liegt das eher daran, dass man
sie einfach nicht gewohnt ist. Schon immer gingen wir,
ausgelöst durch den Realismus, davon aus, dass es eine
Überwirklichkeit gibt, weshalb das Umdenken am Anfang schwerfällt. Hätten wir schon immer diese Sicht
hier gehabt und müssten uns jetzt auf einmal in eine
Überwirklichkeit hineindenken, fiele uns dies gerade-
wegs genauso schwer. Es ist eine reine Frage der Ge-
wohnheit.

Es geht hier nocheinmal gesagt nicht darum, die Realität
abzuschaffen, oder um die Behauptung, alles sei fiktiv.
Die Realität wie ich sie spüre und erlebe, bleibt in meinem Geist vollkommen erhalten, die Überwirklichkeit,
also die vom Beobachter, von mir unabhängig existierende Realität wird beseitigt. Damit sind auch alle mich
umgebenden Menschen vollkommen real, zumindest
solange sie mich umgeben.

Natürlich kann man immer noch an so etwas wie eine
übergeordnete Realität oder Wirklichkeit glauben, die
unabhängig vom Geist existiert. Das hier Geschriebene
würde dadurch nicht negativ beeinflusst. Es wäre immer
noch gleich gültig, da ja alles, was ich von der Realität
erfahre, in jedem Falle, unabhängig von dem was man
glaubt, nur ein Bild, eine Interpretation meines Geistes
ist. So eine Überrealität wäre sozusagen obendraufgesetzt. Sie ist schlicht unnötig, wir brauchen sie nicht.
Und führen wir etwas Unnötiges, etwas Sinnloses ein,
begeben wir uns auf dünnes Eis. Wir könnten ja dann
ständig und willkürlich alles Mögliche einführen, gerade

wie es uns gefiele. Damit würden wir aber aus jeder Diskussion aussteigen und gleichzeitig auch unsere Gedanken zur Sinnlosigkeit verkommen lassen.

Ein Streitgespräch

Die hier geschilderte Sichtweise der neuen Realität ist sehr wichtig für die weitere Entwicklung dieses Buches. Man sollte erst weiterlesen, wenn man wirklich verstanden hat, was hier gemeint ist. Deshalb möchte ich nun, um letzte Unverständlichkeiten auszuräumen, ein Gespräch wiedergeben, das zwischen mir und einem meiner Bekannten, Tom, stattgefunden hat:

Tom: Du behauptest, es gäbe keine Realität, sondern alles, was du erlebst im Leben, wäre wie ein Traum. Das Leben entsteht wie der Traum nur in deinem Geist.

Ich: Richtig Tom. Ich habe einmal etwas Tolles geträumt: Ich bin aufgewacht, vom Bett aufgestanden, ins Bad gegangen – und dann bin ich wieder aufgewacht! Ich lag wieder im Bett, bin wieder aufgestanden, ins Bad gegangen, habe meine Schuhe angezogen, bin zum Bäcker gelaufen – und dann bin ich wieder aufgewacht!! Wieder lag ich im Bett, bin wieder aufgestanden. Vorsichtig tastete ich mich in den Tag, nie sicher sein könnend, nicht doch noch einmal aufzuwachen. Nach einer Stunde war ich mir langsam sicher, nun nicht mehr zu träumen. Der einzige Unterschied zwischen der Realität hier und der im Traum besteht darin, dass ich seit meinem letzten Erwachen nicht noch einmal aufgewacht bin. Aber wer weiß, das könnte jederzeit passieren. Und wieder läge ich in meinem Bett, u.s.w. Du siehst, zwischen Realität und Traum gibt es keinen Unterschied. Beides entsteht im Geist.

Tom: Aber das ist doch lächerlich. Lauf doch einfach mal gegen diese Wand. Du wirst sehen, du kommst nicht durch. Also ist die Wand real.

Ich: Und wenn ich im Traum vor einer Wand stehe, komme ich auch nicht durch. Also ist doch wohl die Wand im Traum genauso real, wie die Wand hier jetzt real ist. Es gibt zwischen diesen Wänden keinen Unterschied: Beide entstehen in meinem Geist.

Tom: Und was für diese Wand gilt, gilt natürlich auch für alles andere, einschließlich meiner selbst. Du willst mir also wirklich sagen, dass es mich gar nicht gibt?

Ich: Ich will es so erklären: Gestern habe ich von solch einem Gespräch wie dem hier geträumt. Ich saß an solch einem Tisch mit mehreren Bekannten. Alle sagten mir, ich sei verrückt. Der Tisch sei restlos real, so wie alles andere auch. Und sie meinten entrüstet, es gäbe sie wirklich, sie entstünden nicht nur in meinem Geist. Ich wusste nicht richtig wie antworten, da bin ich aufgewacht. Ich erkannte: das war ja nur ein Traum. Aha, dachte ich mir, euch gibt es also nicht nur in meinem Geist, und der Tisch an dem ich da im Traume saß, der ist real. So, so.

Alles dort entstand nur in meinem Geist. Trotzdem kam es mir total real vor, genauso real, wie der Tisch an dem wir beide jetzt sitzen und genauso real, wie du hier vor mir. Ich könnte aber auch jetzt wieder jederzeit erwachen und feststellen: es war ja nur ein Traum. Ob es dich auch unabhängig von meinem Geist gibt, das weiß ich nicht.

Erinnere dich an Niels Bohr: Die beobachtete Realität wird durch den Beobachter, also durch mich bestimmt. Diese beobachtete Realität gibt es für mich wirklich, aber es lässt sich nicht sinnvoll sagen, dass sie ohne einen Beobachter existiert.

Es gibt also kein einziges Argument, das für die Annahme spricht, dich gäbe es auch jenseits meines Geistes. Und erinnere dich bitte an unsere dritte Grundregel: Wollten wir nicht alles Unnötige weglassen?

Tom: Du bist also der Meinung, wenn ich jetzt ginge und deinen Wechselwirkungsbereich verließe, würde ich aufhören zu existieren, aufhören, vorhanden zu sein?

Ich: Um diese Frage zu beantworten, werde ich ein bisschen ausholen. Lass uns folgende Bedingung für unsere Diskussion aufstellen: Jede Behauptung, die wir hier aufstellen, muss begründet werden. Unbegründete Dinge lassen wir weg.

Diese Bedingung macht Sinn, sie ist eigentlich Grundlage jeder Diskussion und jeden Gedankens. Denn lasse ich auch unbegründete Behauptungen zu, kann ich ja alles behaupten wie es mir gerade in den Sinn kommt. Unsere Diskussion hätte dann wahrlich keinen Sinn.

Also, nun folgende Frage an dich: Existiert Australien jetzt in diesem Augenblick? Jetzt, wo ich keinerlei Beobachtung von Australien vornehme?

Tom: Ich würde sagen: ja natürlich!

Ich: Prima. Würdest du jetzt bitte die Liebenswürdigkeit besitzen, diese Behauptung von dir zu begründen.

Tom: Nun, ich kann den Fernseher einschalten und dort Australien sehen.

Ich: Aber Tom, dies ist ein Argument dafür, dass ein Fernsehbild von Australien existiert. Über Australien an sich sagt das gar nichts aus. Davon abgesehen möchte ich abraten, alles zu glauben, was man im Fernsehen sieht.

Tom: Ich könnte Leute fragen, die schon mal dort waren.

Ich: Ersteinmal müsste ich dann sofort die Frage nach der Glaubwürdigkeit dieser Aussagen aufwerfen, und unabhängig davon, war doch meine Frage, ob Australien jetzt in diesem Augenblick existiert, und nicht, ob es irgendwann einmal existiert hat. Deshalb kann ich auch nicht einfach hinfliegen und selbst nachschauen. Meine Frage war nämlich auch nicht, ob Australien irgendwann in der Zukunft existieren wird. Und wenn ich selbst schon einmal da war, wäre das einzige, das ich von Australien habe, die Erinnerung daran. Diese Erinnerung entsteht in meinem Geist und ist damit absolut real.

Nein Tom, in der Tat gibt es kein einziges halbwegs vernünftiges Argument für deine Behauptung über die Existenz von Australien. Also lassen wir, wie vereinbart, diese Behauptung weg.

Tom: Aber wenn alle anderen Menschen an die Existenz von Australien glauben, viele schon dort waren, ist es dann nicht sehr wahrscheinlich und auch vernünftig von seiner unabhängigen Existenz auch auszugehen?

Ich: Jetzt kannst du sehen, wieviel du von deiner sogenannten Realität weißt, nämlich gar nichts. Es sind all die andern, die bestimmen, was real und was nicht real ist. Und wenn morgen kein einziger mehr etwas von Australien wüsste, dann würdest du ganz schnell von einem Hirngespinst von dir ausgehen, und du könntest nicht verstehen wie du jemals auf eine solch abstruse Vorstellung von Australien gekommen bist.

Außerdem, da die Dinge in meinem Geist entstehen, entstehen natürlich auch all diese anderen Menschen in meinem Geist und damit ist klar, weshalb alle Australien kennen. Aufgrund der Tatsache, dass alle so ziemlich dasselbe wahrnehmen, geht man von einer Überwirklichkeit aus. Dabei wird übersehen, dass es sich hierbei um einen Zirkelschluss handelt: Da ja alles, was ich von der Realität erfahre, nur ein Bild, eine Interpretation meines Geistes ist, sind all die anderen Menschen samt ihrer Wahrnehmungen auch nur Bestandteil dieses Bildes. Deshalb entstehen diese Wahrnehmungen nicht unabhängig von meinem Geist, weshalb ich sie nicht als Indiz für eine von meinem Geist unabhängig existierende Realität, eben der Überrealität, heranziehen darf.

Mit einer geradezu unglaublichen Selbstverständlichkeit soll ich einfach die Behauptung annehmen, dass die Dinge auch jenseits meines Geistes existieren. Diese Behauptung ist aber durch nichts begründbar. Also fordere ich dich dazu auf, von deiner unbegründeten Behauptung über die Existenz Australiens zurückzutreten. Und was für Australien gilt, gilt natürlich auch für alles andere, das sich jenseits meines Wechselwirkungsbereichs befindet, womit deine Eingangsfrage beantwortet wäre.

Tom: Wie steht es dann mit der Geschichte? Karl der Große, Napoleon oder der genannte Niels Bohr. Die hat es ja dann alle auch nicht gegeben. Dann brauchst du dich ja nicht mehr damit beschäftigen.

Ich: Natürlich gibt es all diese Figuren - und zwar in meiner Vorstellung. Ob es sie darüberhinaus auch real gab? Das wäre wieder eine dieser unbegründeten und unnötigen Behauptungen. Die Geschichte wie ich sie kenne, entsteht auch in meinem Geist. Beschäftigen tue ich mich damit, um aus ihr zu lernen und Fehler in der Zukunft zu vermeiden. Dazu sind es natürlich auch noch spannende und interessante Geschichten. Jetzt siehst du, dass es völlig egal ist, ob Geschichte auf Realität beruht. Der Lerneffekt ist nämlich in jedem Fall derselbe, und interessant und spannend bleiben die Geschichten auch.

Tom: Und was ist mit den schrecklichen Dingen, die auf Erden geschehen? Da sie nicht real sind, brauche ich mich darüber ja nicht mehr aufzuregen.

Ich: Was geschieht wirklich bei dieser Aufregung? Ich sehe schreckliche Bilder oder lese Berichte über verhungernde Kinder in Afrika, über Kriegsopfer, u.s.w. Dadurch stelle ich mir die Situation vor und versetze mich dort hinein. Und damit entsteht das Ganze in meinem Geist und wird für mich real. Das Grauen, das Entsetzen, die Abscheu entsteht so wie alles andere auch im Geist. Ob darüberhinaus irgendeine übergeordnete Realität existiert, ist dabei vollkommen irrelevant.

Tom: Aber ich glaube nach wie vor an eine vom Beobachter unabhängige, übergeordnete Realität.

Ich: Das kannst du natürlich tun. Jeder kann schließlich glauben, woran er will. Nur sinnvoll ist das nicht.
Betrachten wir den Vorfall doch noch einmal kurz und bündig: Alles was ich erlebe, entsteht in meinem Geist. Ob Traum oder Realität: alles sind nur Bilder, die mir mein Geist einspielt, mehr habe ich nicht. Das ist ja zwischen uns auch unbestritten. Das ist keine Annahme, sondern eine Tatsache.
Die Annahme der Existenz einer äußeren Welt ändert nichts an meinen Erkenntnissen, da ich ja immer nur die innere Welt besitze. Diese äußere Welt wäre obendraufgesetzt. Ich kann diese Annahme machen, muss aber nicht. Heute ja, morgen nein, übermorgen vielleicht. Das kann ich halten wie ich Lust und Laune habe. Wenn ich aber Wahlloses an-

nehme, kann ich alles annehmen wie ich gerade will, und dann ist alles nichts. Dann bin ich raus aus der Diskussion und jeder weitere Gedanke, egal über was, wäre verschwendet.

Ob es also nun diese übergeordnete Realität eben jenseits des Geistes gibt, weiß ich nicht, da ich ja grundsätzlich immer nur das vom Geist geschaffene Bild habe. Da es für diese Überrealitätsbehauptung jedoch keine Argumente gibt, und sie zusätzlich auch noch vollkommen unnötig ist, fordere ich dazu auf, sie wegzulassen. Ansonsten behaupte ich, dass es über der übergeordneten Realität noch eine darüber gibt, und darüber gibt es noch eine, und darüber nochmal eine, und Mister Spock hat sich gerade in meiner Toilette materialisiert.

Tom: Werde jetzt nicht kindisch.

Ich: Siehst du, sobald wir unbegründete Dinge zulassen, wird die Diskussion kindisch.

Du hast vorhin gesagt, ich würde lächerliche Behauptungen aufstellen. Nun sehen wir, dass das Gegenteil der Fall ist. Ich stelle eigentlich überhaupt keine Behauptungen auf, sondern lasse alle Behauptungen weg, ja ich verlange dies regelrecht. Ich beschreibe einzigst die Tatsachen, über die ich mir sicher sein kann. Unnötiges und Unbegründetes hat bei mir nichts zu suchen. Du bist derjenige, der mit seinem Glauben an eine Überrealität an unbegründeten Behauptungen festhält und damit die Diskussion ins Lächerliche zieht.

Tom: Nun gut, dann sage ich aber, dass es dich nicht gibt, und dass mein Geist all dies entwickelt.

Ich: Das kannst du natürlich machen. Nur gibt es für mich kein einziges Argument, keine einzige Begründung, die das bestätigt. Deshalb verzeih, wenn ich bei meiner Meinung bleibe.

In der Tat beschreibt mein Buch die Grenze des möglichen Wissens. Es beinhaltet alles, was ich wissen kann. Darüberhinaus gibt es nur Vermutungen, Behauptungen und andere fantastische Gebilde, die wahllos und willkürlich ersonnen werden können. Lasse ich auch nur eines davon zu, kann ich beliebig alles annehmen und wieder verwerfen, und dann ist jeder weitere Gedanke verschwendet.

Daher sage ich: Argumentationslose und unnötige Dinge: Hinweg damit!!!

Wir haben nun ein Weltbild aufgebaut, das die bisherige Realität nicht benötigt. Alles was ich erlebe, erfahre und erkenne, entsteht nur in meinem Geist. Die Schwierigkeiten, die wir mit diesem Weltbild haben, liegen im Realismus begründet, allein dadurch, dass dieser bislang einfach als selbstverständlich wahr angenommen wurde. Diese falsche Annahme, dieses falsche Gebäude des Realismus muss erst eingerissen werden. So hatten wir auch Schwierigkeiten, die moderne Physik zu verstehen, die davon ausgeht, dass der Beobachter die Realität erzeugt. Der Begriff des Beobachters bekommt dadurch eine neue Bedeutung. Beobachte ich ein Bild an der

Wand, beobachte ich es eigentlich gar nicht, ja es existiert nicht einmal unabhängig von mir. Mein Geist erzeugt die von mir wahrgenommene Realität und alles, was darin passiert.

Doch wieso erzeugt er diese Realität? Wieso geschehen darin ausgerechnet die stattfindenden Ereignisse, Begebenheiten, Zufälle, Unfälle und Schicksalsschläge und keine anderen? Wieso bin ich der, der ich bin?

Das Rüstzeug

Um diese Fragen zu beantworten, werden wir uns nun das nötige Rüstzeug schaffen. So wie Einstein sich in der Relativitätstheorie sein Rüstzeug geschmiedet hat, um die Fragen über die Gravitation zu klären, so wollen wir dies nun auch für uns tun. Einstein musste untersuchen wie sich beschleunigte Bezugssysteme verhalten. Dies konnte er dann analog auf Schwerefelder übertragen. Im Vergleich dazu, müssen wir den Geistzustand des Traumes untersuchen, um ihn dann auf den Geistzustand der Realität zu übertragen. Zur besseren Verständlichkeit werden wir hierzu die Realität als Traumrealebene 0 definieren, dann ist der Traum beim Schlafen Traumrealebene 0.1, da dieser Geistzustand innerhalb von Traumrealebene 0 stattfindet. Träume ich, dass ich träume, wäre das dann Traumrealebene 0.1.1, u.s.w.. Da ja das, was wir als Realität empfinden, so wie der Traum ein Geistzustand ist, ist das hilfreich, sinnvoll und gerechtfertigt. Um nicht Verwechslungen mit den althergebrachten Begriffen Traum und Realität hervorzurufen, verwenden wir nun besser statt Traumrealebene das Wort Sequenz.

Beginnen wir nun mit der Untersuchung des Traumes. Was passiert denn, wenn ich nachts träume? Wonach richtet sich der Trauminhalt?

Wenn ich nachts träume, also Sequenz 0.1 durchlebe, richtet sich der Inhalt an dem aus, was ich in Sequenz 0 (der Realität) erlebt habe. Man träumt verschiedene Begebenheiten, die für den Geist von dorther bekannt sind. Er benützt also hierzu die Vorlage aus Sequenz 0. Sequenz 0.1.1 benützt dann Sequenz 0.1 und 0 als Vorlage. Hinzu kommt noch das schon erlebte innerhalb der Sequenz 0.1. Auch dies wird für den weiteren Fortlauf des Traumes mitverwendet.

Übertragen wir das analog auf Sequenz 0 (die Realität), bedeutet dies, dass auch Sequenz 0 eine Vorlage benötigt (sonst käme sie ja gar nicht zustande), dass es also schon vorher Sequenzen gab, an denen sich Sequenz 0 ausrichtet. Und es bedeutet, dass nach Beendigung der Sequenz 0 eine weitere Sequenz beginnt, sozusagen Sequenz 1. Sonst müsste man begründen, weshalb ausgerechnet Sequenz 0 die letzte sein soll. Die Sequenz vor Sequenz 0 wäre dann Sequenz -1, die davor Sequenz -2, u.s.w.
Sequenz 0 nimmt als Vorlage Sequenz -1, Sequenz -1 nimmt als Vorlage Sequenz -2, u.s.w. Da also Sequenz -2 in Sequenz -1 als Vorlage enthalten ist und Sequenz -1 die Vorlage für Sequenz 0 ist, bedeutet dies, dass ein bisschen Sequenz -2 auch in Sequenz 0 steckt; und da Sequenz -2 Sequenz -3 als Vorlage nahm, steckt damit ein bisschen weniger Sequenz -3 in Sequenz 0, u.s.w. Anders betrachtet, nimmt Sequenz 0 damit alle vorausgegangenen Sequenzen mit absteigender Gewichtung als Vorlage.

Beim Entwickeln der Sequenz 0.1 (dem Traum), hält sich mein Geist aber nicht exakt an die Vorlage der Sequenz 0 (der Realität), sondern vermischt verschiedene Begebenheiten daraus, die auf den ersten Blick nichts miteinander zu tun haben, die so nicht passiert sind. Wenn ich in Sequenz 0 (der Realität) mit einer schönen Frau, sagen wir, essen war, kann es sein, dass ich dies in Sequenz 0.1 (also im Traum) wiedererlebe. Nur sitzt jetzt die Mutter am Tisch. Entscheidend dabei sind meine Empfindungen, meine wahren und innersten Gedanken zu den Ereignissen in Sequenz 0. Negative Gedanken bedeuten eine negative Sequenz 0.1 (man spricht hierbei im schlimmsten Falle von einem Alptraum), während positive Gedanken dementsprechend eine positive, angenehme, schöne Sequenz entwickeln lassen. So gesehen haben die Vermischungen schon etwas miteinander zu tun, sind so doch passiert. Da die Ereignisse sowohl der Sequenz 0.1, als auch die der Sequenz 0, ja nur in meinem Geist stattfinden, muss man die wahren Empfindungen und Gedanken hinzunehmen. Daraus entwickelt mein Geist dann die Sequenz 0.1 (den Traum).

Übertragen wir das wiederum analog auf Sequenz 0 (die Realität), bedeutet dies, dass die bisherigen und zukünftigen Ereignisse in dieser Sequenz abhängen von den vorausgegangenen Sequenzen, von meinen Gedanken darin, und von meinen Gedanken in der bereits durchlaufenen Phase.

Ein letztes Mal sei an Einstein mit seiner Kiste erinnert: Durch die Erkenntnis, ohne nach draußen zu sehen, nicht unterscheiden zu können zwischen einem beschleunigten System und einem System im Gravitationsfeld, hat er das nötige Rüstzeug geschaffen und konnte die Gravitation erklären. Wie sich Dinge im beschleunigten System verhalten, wusste er, das konnte er ja direkt durch Beobachtung feststellen. Dies musste er dann nur noch analog auf Schwerefelder übertragen.

Ich habe analog dazu die Erkenntnis, ohne aufzuwachen, nicht unterscheiden zu können zwischen Traum und Realität. Ich weiß wie sich die Dinge im Traum verhalten, das kann ich durch Selbstbeobachtung feststellen. Dies muss ich dann nur noch analog auf den Geistzustand der Realität übertragen.

Somit haben auch wir uns das nötige Rüstzeug geschaffen, um unsere Untersuchung über die Ordnung der Dinge zu beginnen. Da wir nun wissen, wie dieses System der Sequenzen aufeinander aufbaut, können wir ein Modell vom Anfang, über die Gegenwart zur Zukunft, bis hin zum Ende der Dinge entwickeln. Wir stehen auf unserer Reise kurz davor, die Ordnung der Dinge zu erkennen.

II

Die Ordnung der Dinge

1 Der Anfang der Dinge

Um mit unserem Rüstzeug abzuleiten, was sich ergeben hat vom Anfang bis zur Gegenwart der Dinge, werde ich zunächst von der Sequenz 0 ausgehen, da ich diese ja momentan erlebe. Diese Sequenz 0 entwickelt sich nach unserem Rüstzeug aus den vorausgegangenen Sequenzen, von meinen Gedanken darin, und von meinen Gedanken in der bereits durchlaufenen Phase. Somit ist klar, dass die vorausgegangene Sequenz -1 ein kleines bisschen weniger vielfältig war, als die jetzige, da sie ja als Vorlage eine weniger hatte, was bedeutet, dass die Sequenz -2 ein kleines bisschen weniger vielfältig war, als die Sequenz -1, dass die Sequenz -3 ein kleines bisschen weniger vielfältig war, als die Sequenz -2, u.s.w. Wenn ich dies nun bis zum geht nicht mehr zurückentwickle, komme ich an einen Punkt, der an Einfachheit nicht mehr zu überbieten ist. Ich komme zum Anfang der Dinge:

Es herrscht Zustandslosigkeit. Es gibt weder Zeit noch logische Zusammenhänge oder Abläufe. Da auch das Nichts ein Zustand ist, gibt es auch das Nichts nicht, und damit ist alles was ist, wahllos, zeitlos und unzusammenhängend, bis rein zufällig zwei Dinge aufeinander aufbauen. Dies ist der Anfang von Zeit. Zeit ist nämlich genaugenommen nichts weiter als der Ablauf zweier zusammenhängender Dinge. Da es natürlich einfacher ist, auf Zusammenhänge aufzubauen als auf Wahllosigkeit, kommen diese Dinge nun neben den Unzusammenhängenden immer wieder vor, bis sich ein Drittes dazugesellt und so weiter. So entwickeln sich im Chaos die ersten primitiven Sequenzen. Mein Geist (reines Unterbewusstsein) entwickelt sich. Lebendig oder gar sich seiner bewusst ist er noch nicht.

Er entwickelt die Zustände der Quantenmechanik, Quarks, Elektronen und Atome. Sie existieren, zur Erinnerung, nicht wirklich im Sinne der Überrealität, sondern als Geistzustände. Nach unzähligen Sequenzen, die alle zum Aufbau verwendet werden, dominiert die Logik in der Sequenzentwicklung immer mehr und verdrängt das Chaos in die Nische. Die Sequenzen werden vom einfachen immer komplexer, bis die ganze Welt entwickelt wird und nun zunehmend der Weltraum. Aus diesem Grund gilt in der Quantenwelt auch die Wahrscheinlichkeitsrechnung, da in den frühen Sequenzen der Quantenzeit nicht auf sehr vielen vorausgegangenen Sequenzen aufgebaut werden konnte, die Logik innerhalb der Sequenzentwicklung damit noch nicht so dominant war.

Zurück nun mitten hinein in die Sequenzentwicklung. Die Dinge entwickeln sich immer aufbauend auf dem Vorausgegangenen, bis es kaum noch Entwicklungsmöglichkeiten gibt. Doch dann entwickelt mein Geist das, was wir als Leben bezeichnen, er wird „lebendig". Jetzt hat er ein völlig neues Betätigungsfeld, da er nun in die weiteren Sequenzen ehemalige lebende Zustände von sich selbst mit einbaut. Er erkennt sich in ihren Handlungen wieder und entwickelt damit Bewusstsein. Mein Geist wird sich seiner bewusst und ist nun nicht mehr bedingungslos an die logische Kette der Sequenzentwicklung gelegt. Der bewusste Teil meines Geistes ist ja der, der Entscheidungen trifft. Charakteristisch für ihn ist, dass ich hier die Freiheit der Wahl besitze. Hier im bewussten Teil kann ich entscheiden, was wünschenswert für mich ist und was nicht. Hier löse ich auch die Handlungen aus, um das zu erreichen, was ich will. Bewusstsein haben bedeutet damit nichts anderes, als sich der nackten Logik der Sequenzentwicklung widersetzen zu können. Mein Geist besteht nun aus Unterbewusstsein und Bewusstsein. Dabei wird das Bewusstsein vom Unterbewusstsein beherrscht und genauso wie alles andere auch nach den Vorlagen in die Sequenz miteingebaut. Geschieht ein unerfreuliches Ereignis, habe ich auch automatisch das dazugehörige negative Gefühl in meinem Bewusstsein, da ich dieses Gefühl auch in den vergangenen Sequenzen hatte. So bin ich nicht alleiniger Herr über das Bewusstsein, sondern werde vom Unterbewusstsein quasi fremdgesteuert. Es handelt sich um eine Wechselwirkung: Mein Unterbewusstsein beherrscht und entwickelt das Bewusstsein, welches Einfluss nimmt auf den gesamten Geist.

Noch einmal zur Erinnerung aus Kapitel I.3: Ich weiß weder wie das Unbewusste fühlt, noch wie es arbeitet. Umgekehrt jedoch weiß das Unterbewusstsein jede Einzelheit, was ich denke, was ich fühle und was in mir vorgeht. Beide Bereiche hängen zusammen, wobei genaugenommen das Bewusstsein ein kleiner Teil des Unterbewusstseins ist und von diesem hervorgebracht wird. Das Unterbewusste beeinflusst mich direkt, während ich mit all meinen Gedanken und Gefühlen, sehr mühsam zwar, auch auf das Unterbewusste einwirke.

Da sich das Bewusstsein innerhalb des Geistes entwickelt, wird auch dies mit eingebaut. Es entsteht dadurch nun eine Sequenz innerhalb der Sequenz, Sequenz 0.1 in Sequenz 0. Ich beginne zu träumen. Und da das Bewusstsein nicht der Logik der Sequenzentwicklung unterliegt, tut dies die Sequenz 0.1 auch nicht. Deshalb sind Träume nicht so logisch zielstrebig wie die Realität.

Nachdem mein Geist sich seiner bewusst wurde, ich sollte jetzt vielleicht besser sagen, nachdem ich, das Ego, entstand, gab es eine Zäsur. Nun laufen die Sequenzen nicht mehr ungestört ab, jetzt kann das Bewusste (ich) das Unterbewusste durch die Wechselwirkung beeinflussen und die nachfolgenden Sequenzen mitsteuern. Die alte Regel, Sequenzentwicklung richtet sich nach den Vorlagen und verdrängt damit das Chaos, gilt nun nicht mehr allein. Vielmehr liegt es jetzt mit an mir, wie sich die Dinge weiterhin entwickeln. Es liegt nicht allein an mir. Das Unterbewusstsein gibt es ja schließlich auch noch und macht den größten Teil meines Geistes aus.

Anzumerken wäre, dass ganz nebenbei die uralte Frage beantwortet wurde, weshalb das Universum so logisch aufgebaut ist, und warum es nur noch in kleinen Nischen (Quantenmechanik) Unlogik gibt. Auch ist jetzt klar, weshalb alle Geistzustände (gemeint sind in diesem Falle die anderen Menschen) so ziemlich dieselbe Vorstellung von der sogenannten Realität haben (Australien). Da mein Geist alle vorausgegangenen Sequenzen als Vorlage für die jetzige Sequenz (die Realität der Gegenwart) verwendet, passt natürlich auch alles (bis auf Nischen, da es ja zu Beginn auch weniger entwickelte Sequenzen gab) in der Sequenz logisch zusammen.

Erinnern wir uns an den Baum aus Kapitel I.3. Ich stehe vor ihm, drehe mich um und frage mich, ob er noch an seinem Platz steht. Drehe ich mich aber wieder zu ihm um, stelle ich fest, dass er immer noch da ist. Dies kann ich beliebig oft wiederholen, immer steht der Baum noch da. Deshalb ging ich bislang davon aus, dass der Baum unabhängig von mir, unabhängig von meiner Beobachtung existiert. Jedoch ist dies nun kein Argument mehr. Natürlich steht der Baum immer an seinem Platz, da er in den vorausgegangenen Sequenzen dort stand, und mein Geist diese Sequenzen als Vorlage verwendet. Die unlogische Nische kann aber auch hier vorhanden sein. Steht der Baum nämlich plötzlich nicht mehr da, spreche ich von einer Halluzination, von einem Trugbild, von einer Täuschung. Diese Phänomene entsprechen Fehlern im logischen Aufbau der Sequenz. Da das Chaos jedoch ein Nischendasein genießt, kommen diese Dinge sehr selten vor.

Und nun ist auch klar, weshalb Auftritte von Quantenphänomenen in der Makrowelt sehr unwahrscheinlich sind. Schließlich gab es viel mehr Sequenzen seit der Quantenzeit als vorher, und alle werden ja als Vorlage verwendet. Immer ging man davon aus, dass die Naturwissenschaften herausfinden, wie die Welt aufgebaut ist, doch in Wirklichkeit beschreiben die Naturwissenschaften nicht das, was ist, sondern das, was war. Das einzige, das herausgefunden wird, ist, wie sich die Dinge in der immer logischer werdenden Sequenzenvielfalt entwickelt haben. Heute ist eine Tischplatte einfach nur eine Tischplatte. Elektronen und Quarks gab es einmal vor unzählig vielen Sequenzen als Zustände des Geistes, die Vorstellung davon ist übrig geblieben. Wissenschaftler sind Geistzustände, die in die Sequenz eingespielt werden und mir davon berichten.

2 Die Gegenwart der Dinge

Nun wollen wir schauen, was das bisher Erkannte konkret für das gegenwärtige Leben, für die Sequenz 0 bedeutet. Dabei sei immer an unser Rüstzeug erinnert, mit dessen Hilfe dies alles abgeleitet wird.

Die Herkunft der Dinge

Da die Sequenz 0, also die jetzt stattfindende Sequenz der Gegenwart, abhängt von den vorausgegangenen Sequenzen, von meinen Gedanken darin, und von meinen Gedanken in der bereits durchlaufenen Phase, hat alles, was sich darin abspielt, alles, was sich darin befindet, auch dort seine Grundlage. Das gilt sowohl für Gegenstände, als auch für Tiere wie auch für die darin vorkommenden Menschen. Alle Dinge sind Geistzustände, die sich in der Sequenzentwicklung langsam herauskristallisiert haben, bis sie das waren, was sie heute sind.

Die Gegenwart der Dinge

Unser berühmter Aschenbecher oder der Haushund und auch jeder der vorkommenden Menschen: alles sind ehemalige Daseinsformen meines Geistes, die mir in dieser Sequenz anhand der Vorlagen eingespielt werden. Da er ja aber auch Vermischungen vornimmt, ist es nicht nötig, dass er wirklich alles bis ins kleinste Detail selber durchgespielt hat. Man könnte sagen: jede Form der Erscheinung ist eine Wiedergeburt, eine Reinkarnation ehemaliger, vermischter Daseinsformen meines Geistes.

Das Karma

Meine Empfindungen, meine wahren und innersten Gedanken zu den Dingen sind wie gesehen mitverantwortlich für die Geschehnisse in dieser Sequenz. Damit habe ich auch an allem, was geschieht, die Verantwortung. Für so etwas wie Schicksal oder Zufall gibt es keinen Platz, anderen Menschen kann ich niemals einen Vorwurf machen. Sie sind ja nur Geistzustände, und ihre Handlungen werden durch mich selbst bestimmt. Positive Gedanken bedeuten positive Geistzustände, negative das Gegenteil.

Fällt mir ein Butterbrot aus der Hand zu Boden und mit der Butterseite in den Teppich, darf ich mich nicht ärgern, es handelt sich hierbei nicht um Pech oder Zufall. Vielmehr liegt der Sachverhalt weit tiefer. Ich muss mich fragen: Was hatte ich für negative Gedanken gegenüber dem Brot, der Butter oder dem Teppich, dass dies in dieser Sequenz so eingebaut ist. Und ich muss mir darüber im Klaren sein: Wenn ich diese Gedanken weiterhin habe, sie sogar noch durch dieses Ereignis negativ steigere, wird es wieder und wieder passieren, in negativ steigender Form sowohl in dieser, als auch in den nächsten Sequenzen.

Wenn ich von Mücken geplagt werde und voller Wut jede einzelne totschlage, begehe ich einen großen Fehler. Auch hier gilt: Was hatte ich in den vorausgegangenen

Sequenzen für negative Gedanken, dass mich diese Kreaturen jetzt so plagen. Und was habe ich daher immer noch für negative Gedanken diesen Geistzuständen gegenüber, dass die Plage kein Ende nimmt.

Es sei angemerkt, dass ich durch mein geistiges Verhalten nicht nur die Entwicklung der nächsten Sequenzen beeinflussen kann, sondern natürlich auch die innerhalb der stattfindenden Sequenz 0. Fällt das Butterbrot also wieder und wieder in den Teppich, ist eine Person wieder und wieder schadhaft mir gegenüber, so könnte ich dies durch Verändern meiner Einstellung dazu schon in der bestehenden Sequenz abändern. Allerdings ist das ein recht schweres Unterfangen, da ich ja dazu nicht nur im Bewussten vollkommen ehrlich meine Einstellungen zu ändern habe, sondern über die Wechselwirkung auch Einfluss auf mein Unterbewusstsein ausüben muss, da dieses ja die Sequenz maßgeblich mitentwickelt.

Hier kann man auch erkennen, dass es keinen Unterschied macht, zwischen den Gedanken, die ich Ereignissen, Gegenständen, Tieren oder Menschen gegenüber habe. Da alle eh nur Geistzustände sind, sind alle gleichwichtig. Wobei es wohl leichter ist, Gegenständen gegenüber positiv eingestellt zu sein als einigen Zeitgenossen oder Ereignissen. Je höherstehend die Geistzustände, umso schwieriger der Wandel.

Das Ändern der Einstellungen, der Gedanken den Dingen gegenüber ist ein schwieriger Prozess, der sich über unzählige Sequenzen hinzieht, denn betrügen kann ich den Geist nicht, ich muss es schon in voller, totaler Überzeugung bewusst und unterbewusst auch wirklich so meinen. Es ist aber die einzig vorhandene Möglichkeit, die Dinge für mich zum Positiven zu wenden. Es ist die einzige Möglichkeit, dass mein Geist die nächsten Sequenzen für mich besser entwickelt. Dafür kann ich dies aber bei allem erreichen. Ausnahmen gibt es keine.

Wichtig ist, dass Taten, die ich begehe, irrelevant sind. Nur die wirkliche, geistige Einstellung zu ihnen zählt. Dies als Freibrief für Verbrechen zu verstehen, wäre ein fataler Fehler. Natürlich könnte ich die schlimmsten Verbrechen verüben, solange ich dabei nur positive Gedanken, bewusst und unterbewusst, empfände. Dies ist jedoch unmöglich. Leid und Kummer entsteht ja nicht in anderen Menschen, diese gibt es ja gar nicht. Es sind Geistzustände, und damit entsteht aller Kummer in meinem Geist, also in mir selbst. Quäle ich meine eigenen Geistzustände, quäle ich mich damit immer selbst.

Buddhisten fassen sehr viele dieser Erkenntnisse unter dem Wort Karma zusammen. Wir erinnern uns: Die Erfolge, bzw. Misserfolge in seinem Bemühen nimmt der Buddhist in sein neues Leben mit. Ersetzen wir Leben durch Sequenz, sind die Zusammenhänge nicht zu übersehen.

Auch die Monotheisten finden hier ihren Platz. Als Gläubiger, der aber auch wirklich glaubt und keine Zweifel hat, wird man sein Paradies finden, glaubt man aber nicht, sondern tut nur so, hat man keine Chance ins Reich Gottes zu kommen. Betrachten wir das Leben als Sequenz 0 und das Leben nach dem Tod als Sequenz 1, so finden wir auch hier den Zusammenhang. Nach unserem Stand der Dinge, würde ich als wirklich Gläubiger mein Paradies sogar genau so vorfinden wie ich es mir immer vorgestellt habe. Nur würde ich dazu schon sehr viele Sequenzen benötigen.

Auch ist die Frage, weshalb Gott gut ist, weshalb er ähnlich wie bei den Buddhisten Nächstenliebe für den Eintritt ins Paradies verlangt, beantwortet. Nur ist es kein Gott oder ein unbekannter Mechanismus, der die Dinge so bestimmt, sondern ich bin es, der durch mein Verhalten die Sequenzen beeinflusst und entweder zum Guten oder zum Schlechten wendet.

Hier ist diese Betrachtungsweise aber keine Frage des Glaubens, sondern eine nachvollziehbare Konsequenz unserer Erkenntnisse.

Übersinnliches und Wunder

Kein Ereignis, kein auch noch so geringfügiges Detail der Sequenz ist bedeutungslos. Mit allem hat es eine tiefere Bewandtnis auf sich. Die schwarze Katze, die mir über den Weg läuft, tut dies nicht zufällig. Schließlich baut sie mein Geist nach Vorlage der vergangenen Sequenzen und meiner Gedanken hierzu in die Sequenz mit ein. Ob ich danach wirklich Pech habe, hängt ganz allein von mir ab. Habe ich in diesem Zusammenhang diese Gedanken und zwar nicht nur oberflächlich, sondern aus tiefster Überzeugung, dann wird das auch so eintreten. Die Betrachtungsweise von Aberglauben erscheint in diesem Zusammenhang in einem völlig neuen Licht. Ihn abzutun als Unfug ist regelrecht aberwitzig.

Hier kann man sehen, dass das Wissen über die Ordnung der Dinge seit langem vorhanden ist. Es tritt nicht offen zutage, sondern versteckt sich in vielerlei Gestalt und Andeutungen überall in der Sequenz. Man wird überall fündig. Mein Geist spielt mir immer wieder Geistzustände ein, die darauf hinweisen. So ist der Glaube daran, dass jede böse Tat bestraft und jede gute belohnt wird, tief verwurzelt. Jeder ist sich selbst seines Glückes Schmied, oder: Man muss nur fest genug an etwas glauben, dann wird es auch eintreten... wie wahr, wie wahr.

Auch die sogenannten Grenzerfahrungen, also außersinnliche Wahrnehmungen, Hellsehen, Telephatie, u.s.w.

müssen neu betrachtet werden. All dies ist absolut möglich. Und auch diejenigen, die meinen, schon einmal gelebt zu haben und von Erfahrungen aus diesen vergangenen Leben berichten, sind keine Verrückten. Es sind Geistzustände, durch die mein Geist das Vorhandensein der Reinkarnation schildert. Das einzige, dass meinen Geist davon abhält, chaotische Sequenzen ohne Regeln und Normen ablaufen zu lassen, ist die vorausgegangene, fast unendlichgroße Anzahl von Sequenzen, mit deren Hilfe er die jetzige Sequenz entwickelt. Doch wir wissen, dass die Logik das Chaos nur zu einem Nischendasein verurteilt hat. Da am Anfang das Chaos war, und die damaligen Sequenzen sehr niedrig gewichtet auch verwendet werden, kann es nicht restlos beseitigt, sondern nur zurückgedrängt worden sein. Ereignisse, die dem logischen Weltbild zuwiderlaufen, gemeinhin als Wunder bezeichnet, sind daher durchaus möglich, allerdings selten. Wunder sind also nichts übernatürliches, magisches, sondern selten auftretende Erscheinungen in der Sequenz.

Die Möglichkeit, dass Träume wahr werden, also dass man zukünftige Ereignisse erträumt, kommt natürlich daher, dass sich die Sequenz 0 auch an der Sequenz 0.1 orientiert. Man erträumt also nicht die Zukunft, sondern gestaltet sie.

In einem anderen Zusammenhang ist das Phänomen der plötzlichen Eingebung zu betrachten: Dinge, von denen man noch nie etwas gehört hat, kennt man auf einmal; Sprachen, die man nie erlernte, spricht man fließend.

Da mein Geist das einzige ist, das existiert, ist natürlich auch alles verfügbare Wissen darin enthalten. Erlerne ich etwas Neues, eigne ich mir dieses Wissen nicht an, vielmehr decke ich es in mir auf und bringe es zum Vorschein. Da das Bewusste den Geist nicht beherrscht, sondern nur eine Unterabteilung von ihm ist, ist dies nicht einfach, jedoch ist ein plötzliches Vorhandensein von Wissen durchaus möglich.

Reinkarnation

Nach Beendigung der Sequenz 0 wird eine weitere Sequenz beginnen, Sequenz 1. Sonst müsste man begründen, weshalb ausgerechnet Sequenz 0 die letzte sein soll. Dies bedeutet, dass der Tod nicht das Ende allen Seins bedeutet, sondern dass es weitergeht mit einer neuen Sequenz. Es geht quasi wieder von vorne los, jedoch mit unterschiedlichen Anfangsbedingungen, da ja jetzt zu den unzähligen vorhergegangenen Sequenzen, Sequenz 0 mit eingebaut wird. Auch die Geistzustände aus Sequenz 0 werden wieder leicht verändert erscheinen. Das heißt, stirbt ein Bekannter in Sequenz 0, wird auch dieser in meiner neuen Sequenz inkarnieren, wieder miteingebaut. Es gibt also nur einen Abschied auf Zeit.

Wie sich die Dinge in der neuen Sequenz entwickeln, hängt einzig davon ab, was ich für Gedanken in den vorausgegangenen Sequenzen hatte. Positive Gedanken bedeuten positive Geistzustände, negative das Gegenteil. Einzelne Begebenheiten und Ereignisse können sich exakt wiederholen, da ja zu den unzähligen vorhergegangenen Sequenzen, nur Sequenz 0 zusätzlich miteingebaut wird. So kann es sein, dass viele Begebenheiten schon sehr oft passiert sind. Das Butterbrot von vorhin ist mir vielleicht schon Tausende Male, in vielen Sequenzen immer gleich aus der Hand gefallen.

Auch hier ist der Zusammenhang mit dem Buddhismus nicht zu übersehen. Der Buddhist glaubt an die ständige Wiedergeburt seiner selbst und aller Dinge. Und auch hier ist diese Betrachtungsweise keine Frage des Glaubens, sondern eine nachvollziehbare Konsequenz unserer Erkenntnisse. Man muss also nicht im Gangestal gewandelt sein, um zu diesen Ansichten zu kommen. Außerdem gibt es hier auch nie Platzmangel.

Das waren die Erkenntnisse zur Gegenwart der Dinge. Doch wie geht es weiter? Was wird kommen und warum? Und vor allem: Was ist der Sinn des Ganzen, wieso geschieht all das überhaupt?

3 Das Ende der Dinge

Wir wissen nun wie sich die Dinge verhalten, welchen Gesetzmäßigkeiten sie unterliegen, dass sie sich unaufhörlich weiterentwickeln, von Sequenz zu Sequenz, und dass ich diese Entwicklung positiv oder negativ beeinflusse, je nach meinen Gedanken, meinen Empfindungen. Damit ist die erste Stufe der Erleuchtung erreicht: Das Erkennen der Ordnung.

So wie beim Kapitel zum Anfang der Dinge durch gedankliche Rückentwicklung, kann ich nun durch gedankliche Weiterentwicklung unter Zuhilfenahme unseres Rüstzeugs zu den restlichen Erleuchtungsstufen vordringen.

Da wohl niemand gerne negative Sequenzen, analog Alpträume durchlebt, werde ich natürlich darum bemüht sein, die nächsten Sequenzen positiver zu gestalten. Wie gesehen liegt dies in meiner eigenen Hand: Positive Gedanken bedeuten positive Geistzustände, negative das Gegenteil. Dies bedeutet, dass es darum geht, alles Negative im Geist aufzuspüren, zu vermeiden und letztendlich zu eliminieren.

Die drei Ursachen des Negativen

Die erste Ursache des Negativen liegt in meinen Bedürfnissen begründet. Egal was ich auch erreichen mag in meinem Leben, egal wieviel gesteckte Ziele von mir verwirklicht werden, nie werde ich wirklich alle Bedürfnisse befriedigen können. Und sobald ich ein Bedürfnis gestillt habe, erwächst auch schon das nächsthöhere in mir. Dies gilt sowohl für Lebensziele, als auch für ganz Banales wie Konsumgüter allgemein. Der Fernseher kann nie groß, das Auto nie schnell und der Geldbeutel nie voll genug sein. Sogar das Verlangen nach den Grundbedürfnissen wie Essen, Schlafen und Trinken führt zu Negativem, man kennt das Gefühl des Hungerns oder des Dürstens. Auf die Spitze getrieben ist auch das Bedürfnis zu Atmen ein Negatives, was man spätestens beim Ertrinken erfährt.

So begleiten mich bei allem stets negative Gefühle von Unbefriedigtheit, Neid und Argwohn. Neid und Argwohn deshalb, weil ich ja immer andere im übertragenen Sinne vor Augen habe, die das schon haben, was ich will, die mir das Erreichen nicht gönnen oder mich daran hindern.

Durch den Drang nach Bedürfnisbefriedigung entsteht die zweite Ursache: der Zwang. Dadurch, dass ich vorhandene Bedürfnisse weiterhin befriedigen möchte, bzw. zu einer neuen Befriedigungsstufe gelangen will, bin ich gezwungen, Dinge zu tun, die ich eigentlich gar nicht tun will. Man arbeitet härter als es einem gut tut, um eben den größeren Fernseher zu kaufen, man wählt einen Beruf, der einem nicht liegt, um den Geldbeutel zu füllen, und wenn man meint, nicht die richtige Figur zu haben, quält man sich stundenlang in diversen Fitnessstudios. Ohne Fleiß kein Preis, wobei man übersieht, dass ohne den Wunsch nach einem Preis, der Fleiß nicht vonnöten wäre. Auch hier gilt dies ebenso für die Grundbedürfnisse. Gemeinhin muss man arbeiten, um nicht zu verhungern.

So entstehen negative Empfindungen wie Unwohlsein, Ärger und Wut, nicht gegen andere, sondern gegen die Situation und gegen sich selbst.

Die dritte Ursache findet man in der Wechselwirkung mit den Geistzuständen, also Menschen, Tieren und Gegenständen. Da ich von diesen immer wieder negativ heimgesucht werde, was an meinen Fehlleistungen in den vorausgegangenen Sequenzen liegt, sehe ich mich dauernd dazu veranlasst, ebenso darauf zu reagieren. Dadurch entsteht eine doppelt negative Belastung. Zum einen werde ich gequält, zum andern quäle auch ich. So entstehen negative Gefühle wie Hass, Furcht und Trauer. Trauer deshalb, weil es mir nicht gleichgültig ist, andere zu quälen. Wie schon gesagt: Quält man seine eigenen Geistzustände, quält man sich damit immer auch selbst.

Überwindung des Negativen

Um das Negative zu überwinden, muss ich schlüssigerweise die Ursachen eliminieren. Erlöschen die Ursachen, erlischt auch das Negative.

So muss ich also, um die nächsten Sequenzen besser, schöner, einfach positiver zu gestalten, mich darum bemühen, meine Bedürfnisse zurückzufahren. Und da ich diese Bedürfnisse in vielen Sequenzen vorher hatte, dauert es auch dementsprechend, bis allmählich der Einfluss dieser „Bedürfnissequenzen" beim Sequenzaufbau von den „Wenigbedürfnissequenzen" zurückgedrängt wird. Das ist sehr schwer, darf das Zurückfahren der Bedürfnisse doch nicht mit Mühe geschehen, da ich meinen Geist nicht betrügen kann. Im Gegenteil muss ich sogar Freude dabei empfinden, da ich ja sonst ein negatives Gefühl durch ein anderes ersetzen würde.

Durch Zurückfahren der Bedürfnisse gehen automatisch auch die Zwänge zurück, denen ich unterliege. Dies ist praktisch eine Art ständig wachsender Belohnung für das Erreichte, wodurch der einmal eingeschlagene Weg immer leichter erscheint. Man kommt zu der Überzeugung, dass man weitaus mehr gewinnt als man aufgibt. Diese Überzeugung ist für den weiteren Weg sehr hilfreich, da ich natürlich mit den leichtzurückfahrbaren Bedürfnissen beginne, um mich an immer Mächtigere heranzuwagen.

Um die dritte Ursache zu überwinden, muss ich Gleichmut und Mitgefühl entwickeln. Durch Gleichmut entsteht ein Zustand, indem ich mich einfach nicht mehr quälen lasse. Egal was auch passiert, man steht unerschütterlich und gelassen über den Dingen und beherrscht die Situation. Um Gleichmut zu erreichen, muss ich aber vorher Mitgefühl entwickeln, da ich erst dann gelassen reagieren kann, wenn ich keinen Argwohn mehr verspüre. So gibt es nichts mehr, das einen quälen kann, und statt Hass auf einen andern, empfindet man eher Mitleid, wodurch man kein Verlangen mehr verspürt, selbst zu quälen, ja es wird sogar unmöglich.

Dabei gilt immer, dass ich die Auswirkungen meines Handelns, meiner Gedanken stets selber zu tragen habe, da die nächsten Sequenzen maßgeblich davon geprägt sein werden. Hasse ich einen Geistzustand, so wird dieser auch in den nächsten Sequenzen wieder boshaft in Erscheinung treten. Positive Gedanken bedeuten positive Geistzustände, negative das Gegenteil.

Einwenden könnte man nun, dass durch Eliminieren des Negativen auch das Positive verschwindet. Die Meinung ist vorhanden, dass das eine des anderen bedarf. Ohne Dunkel kein Licht, ohne Elend kein Glück, ohne Hass keine Liebe. Doch nur, weil man es von sich selbst durch seine Unvollkommenheit nicht anders gewohnt ist, auf diese Meinung zu kommen, ist abwegig. Selbstverständlich kann man lieben, ohne dabei hassen zu müssen. Hat man positive Gefühle, muss man deswegen sicherlich nicht auch negative haben. Weiß man von Liebe, so kennt man in der Regel auch Hass. Doch den Hass zu kennen und Hass empfinden ist zweierlei. Die Dinge sind neutral, weder positiv noch negativ. Erst durch die Betrachtungsweise entscheide ich für mich selbst, wie Ereignisse gewertet werden. Auch Gefühle sind weder positiv noch negativ. Erst durch meinen Umgang mit ihnen, mache ich sie zu dem einen oder zu dem andern. Gefühle tauchen wie von selbst in meinem Bewusstsein auf. Damit werden sie vom Unterbewusstsein in die Sequenz in mein Bewusstsein eingebaut, und hier entscheide natürlich ich und sonst nichts, was sie darin auslösen. Hierbei habe ich freie Hand. Ich entscheide also selbst, was negativ und was positiv ist. In der Praxis bedeutet dies, dass ich die positiven Ereignisse, die ich ja auch erst durch meine Betrachtungsweise dazu gemacht habe, voller Freude genießen kann, während ich die oberflächlich betrachtet negativen mit der richtigen Betrachtungsweise ins Positive deute und sie auch so empfinde. Ist ein Geistzustand äußerst schadhaft mir gegenüber, taucht von allein plötzlich Hass in meinem Bewusstsein auf, da ich in den vorausgegangenen Sequenzen auch Hass empfand, und diese ja als Vorlage verwendet werden. Doch werde ich jetzt wohl kaum mehr einem Geistzustand die Macht geben, mir in meinem Bewusstsein Schaden zuzufügen. Nicht Ereignisse stören mein Allgemeinbefinden, sondern meine gefühlsmäßige Reaktion darauf entscheidet, ob es mir gut oder schlecht geht. Und diese Gefühlsreaktion wird nach den Vorlagen in die Sequenz eingebaut. Ich muss also positiv auf diese Reaktion reagieren, damit der Einfluss der negativen Vorlagen zurückgedrängt wird. Dann werden diese negativen Gefühlsreaktionen auch immer weniger eingebaut und durch immer mehr positive ersetzt. Und da mein Geist ja auch Vermischungen vornimmt, siehe Rüstzeug, dehnen sich positive Reaktionen auf bestimmte Ereignisse auf andere aus.

So beseitigt man das Negative, das Positive bleibt einzigst übrig.

Die Überwindung des Negativen ist natürlich sehr schwer zu erreichen und man könnte an der Größe der Aufgabe verzweifeln, doch darf man nie vergessen, dass ich unzählige Sequenzen zur Verfügung habe, und wenn ich es bei jeder nur ein kleines bisschen besser mache, habe ich schon viel erreicht.

Durch die erste Erleuchtungsstufe, dem Erkennen der Ordnung, fällt dies nun leichter, da ich anderen keine Vorwürfe mehr machen kann. Sie sind ja nur Zustände meines Geistes und werden dadurch sozusagen zu ihren Taten gezwungen, und auch Glück oder Pech, Zufall oder Schicksal sind mir fremd geworden. Unglücksfälle oder Schicksalsschläge gibt es gar nicht, ich bin ja für alles selbst verantwortlich. Es liegt in meiner eigenen Hand, ob diese Schicksalsschläge in den nächsten Sequenzen wieder auftauchen. Negative Ereignisse geschehen nur deshalb, weil ich in den vorausgegangen Sequenzen negative Gefühle dazu empfand. Negative Gefühle werden nur deshalb eingespielt, weil ich sie auch schon in den vorausgegangen Sequenzen zuließ. „Gutes tun" hat damit nichts mehr mit selbstlosem uneigennützigem Verhalten zu tun, solch ein Verhalten gibt es gar nicht. Da ich für alle bösen Taten, für alle negativen Gedanken die Quittung erhalte, ist nun Egoismus der Antrieb für alles. Andere für ihre Taten gar zu hassen, ist damit regelrecht eine riesige Dummheit. Der einzige, der dadurch Schaden nimmt, dass bin ich selbst.

Auch spielen Bedürfnisse und Begierden eine weitaus weniger wichtige Rolle als zuvor. Es macht keinen Sinn mehr, nach Macht und Reichtum zu streben. Macht worüber? Über eigene Geistzustände? Und die Meinung, irgendetwas im Leben zu verpassen, die Unzufriedenheit, mehr aus seinem Leben machen zu müssen, gibt es nicht mehr. Da nach Beenden der einen Sequenz gleich die nächste beginnt, hat alles sehr viel an Bedeutung verloren, was vorher noch so wichtig erschien.

Wieder sind die Zusammenhänge zum Buddhismus und zu Christus nicht zu übersehen. Wir erinnern uns, Buddha lehrte: Das Leben wird durch Leid geprägt. Dieses Leid entsteht durch die Unvollkommenheit des Menschen, Bedürfnisse zu befriedigen. So sind diese unbefriedigten Bedürfnisse Grundlage für Gier, Hass und Verblendung. Nur durch das Herunterfahren der Bedürfnisse mit dem Endziel der totalen Beseitigung kann das Leiden beendet werden. Dazu empfiehlt Buddha das Entwickeln von Güte, Mitgefühl, Mitfreude, Gleichmut und Weisheit.

Die Gemeinsamkeit bei der Bedeutung von Bedürfnissen ist dabei kein Zufall, da dieselben Grundlagen für die Analyse genommen wurden. Nur spricht Buddha von Leid und wir vom Negativen. Doch Mitgefühl, Gleichmut und Weisheit ist nicht direkt Bestandteil der Lehre Buddhas, sondern wird nur empfohlen. Im Gegensatz dazu, entspricht Weisheit hier dem Erreichen der ersten Erleuchtungsstufe, Mitgefühl ist für Gleichmut unabdingbar, Gleichmut wird benötigt, um die dritte Ursache des Negativen zu eliminieren.

Bei Christus heißt es: „Wenn dir jemand auf die rechte Backe schlägt, so halte ihm auch die linke hin. Liebet eure Feinde, tut Gutes denen, die euch hassen." Auch hier haben wir wieder Mitgefühl und Gleichmut, und durch die Weisheit der ersten Erleuchtungsstufe, sind diese Aufforderungen Christi schon fast eine Selbstverständlichkeit.

Schaffen des Paradieses

Nach Erreichen der ersten Erleuchtungsstufe, dem Erkennen der Ordnung, werde ich also damit beginnen, die Sequenzen positiv zu beeinflussen. Zu Beginn recht schwer, spielen Bedürfnisse nach vielen Sequenzen eine immer untergeordnetere Rolle und werden immer seltener von meinem Geist miteingebaut. Auch auf die Ereignisse und Begebenheiten innerhalb der Sequenzen werde ich immer mitfühlender und gleichmütiger reagieren. Auf diese Art und Weise wird immer mehr Negatives zurückgedrängt, wodurch die Sequenzen angenehmer und schöner werden. Nach unzähligen Sequenzen habe ich die Bedürfnisse soweit reduziert, dass nur noch die elementaren übrigbleiben wie Hunger, Durst und Schlaf und als letztes das Bedürfnis nach Leben.

Das Beseitigen dieser Bedürfnisse hat aber natürlich nicht das Ende der Sequenzen zur Folge. Wenn ich beispielsweise nichts esse, führt das automatisch zum negativen Gefühl des Hungerns und in letzter Konsequenz zum negativsten Gefühl des Verhungerns. Schaffe ich es, auch diese negativen Gefühle zu eliminieren, gibt es damit den Hunger und auch das Verhungern nicht mehr. Mein Geist wird nach restloser Beseitigung dieser negativen Gefühle das Bedürfnis nach Essen nicht mehr einbauen. Bei langsamer Reduzierung der negativen Gefühle, wird dieses Bedürfnis auch in den Sequenzen immer mehr reduziert. Verschwindet dann das Bedürfnis in mir, verschwindet das negative Gegenstück auch in der Sequenz. Das heißt also, dass ich schon noch essen, trinken und schlafen kann, mein Geist verlangt das aber nicht mehr. Gefühle wie Hunger und Durst sind beseitigt, und die Beseitigung des Lebensbedürfnisses beseitigt den Tod. Dies bedeutet, dass die Sequenz nicht mehr endet.

Einwenden könnte man nun, dass ja immer noch irgendwer mir eine Kugel in den Kopf schießen oder dass ich einem Unglück zum Opfer fallen könnte, wodurch die Sequenz wohl enden sollte. Doch übersieht man dabei, dass solch negative Geistzustände, bzw. solche negativen Ereignisse in der Sequenz ja gar nicht mehr auftauchen. Lange vor Eliminierung der Elementarbedürfnisse, habe ich diese durch meinen Einfluss auf den Geist beseitigt. Im Vergleich zu den Elementarbedürfnissen sind solche negativen Geistzustände ja fast schon als primitiv zu bezeichnen. Nach unzähligen Sequenzen habe ich also die allerletzte erreicht: Die Omegasequenz währt ewig.

In dieser Sequenz gibt es nichts Negatives mehr weder in meinem Bewusstsein, noch in meinem Unterbewusstsein. Ich befinde mich damit im vollkommenen Glück bis in alle Ewigkeit. Damit ist die zweite Stufe der Erleuchtung erreicht: ich habe das Paradies geschaffen. Denn ein immerwährender Zustand ohne jede Form des Negativen ist das Paradies.

Doch haben wir dabei übersehen, dass ein Bedürfnis immer noch vorhanden ist und damit auch das dazugehörige negative: Das Bedürfnis nach vollkommener Beherrschung des Geistes an sich. So handelt es sich bei Erreichen der zweiten Erleuchtungsstufe nicht um das vollkommene Paradies, sondern „nur" um das mit dem Unterbewusstsein maximal erreichbare.

Beherrschen der Sequenz

Wieder erinnern wir uns: Mein Bewusstsein wird vom Unterbewusstsein beherrscht und genauso wie alles andere auch nach den Vorlagen in die Sequenz miteingebaut. Es handelt sich um eine Wechselwirkung: Mein Unterbewusstsein beherrscht und entwickelt das Bewusstsein, welches Einfluss nimmt auf den gesamten Geist.

Mit Erreichen der zweiten Stufe hat aber nun mein Bewusstsein, also ich, begonnen, die Oberhand in der Wechselwirkung mit dem Geist zu gewinnen. Jetzt existiere ich in der nicht enden wollenden letzten Sequenz und kann mich völlig auf meinen Geist konzentrieren. Ich werde nun nie mehr durch das Ende der Sequenz und den Beginn einer neuen in meiner Entwicklung unterbrochen. In dieser Sequenz entwickelt sich mein Bewusstsein immer weiter. Immer einfacher kann ich auf mein Unterbewusstsein einwirken, bis ich in der Lage bin, direkt den Ablauf der Sequenz mitzubestimmen, bis ich meinen Geist komplett beherrsche. Bewusstsein und Geist verschmelzen miteinander und werden eins, das Unterbewusstsein ist beseitigt. Der logische Ablauf der Omegasequenz endet damit, ich bin in Gestaltung und Entwicklung der Sequenz nun völlig frei und keiner Gesetzmäßigkeit mehr unterworfen. Ich kann nun spontan entscheiden, was geschieht, was sich ereignet. Ich habe die dritte Stufe der Erleuchtung erreicht: Die Beherrschung der Sequenz.

Da mein Geist das einzige ist, das existiert, ist natürlich auch alles verfügbare Wissen darin enthalten. Damit steht mir nach Erreichen der dritten Stufe alles Wissen grenzenlos zur Verfügung. Ich kenne dann alle Einzelheiten aller Begebenheiten, die sich während der fast unendlich langen Kette der Sequenzentwicklungen ereignet haben, von der ersten bis zur Omegasequenz. Ich bin im Besitz aller Weisheit.

Das Nirwana

Nun gibt es keine Möglichkeit der Entwicklung mehr. Alles ist erreicht, alles durchlebt, alles beantwortet, ich bin am Endpunkt angelangt. Eine automatische Fortentwicklung der Sequenz gibt es nicht mehr, nach Äonen tritt nun der Stillstand ein, wenn ich nicht ständig direkt und vorsätzlich weiterentwickle. Die Beherrschung der Sequenz führt aber dazu, dass ich sie nicht mehr weiterentwickle, wohin denn auch, es würde schlicht keinen Sinn machen, da ja alles schon durchlebt, erfahren und entwickelt wurde. Und da ich ja nun alle Begebenheiten innerhalb der Omegasequenz selbst bestimme und direkt verursache, hat nichts davon mehr eine wirkliche Bedeutung.

So werde ich nach Erreichen von allem früher oder später nur noch eines tun: Abschalten, das Ganze beenden. Dies geschieht nicht etwa in Trauer, sondern im Zustand der vollkommenen Freude.

Das Verlöschen aller Daseinsformen, Nirwana, ist damit das letztendliche Ziel.

Ein letztes Mal sei die Artverwandschaft zum Buddhismus erwähnt. Hier sehen wir nun, was sich wirklich hinter dem unverständlichen Begriff des Nirwana verbirgt und dem Wunsch, es zu erreichen. Das ständige, selbsttätige Weiterentwickeln von bereits Entwickeltem und eigentlich Unbedeutendem macht keinen Sinn.

117

III

Abschließendes

1) Die letzte aller Fragen:
   Der Sinn des Lebens

Nun sind alle nur erdenklichen Fragen beantwortet, bis auf die letzte: Warum all das?

Sobald es etwas gibt, fragt man sich sofort nach dessen Sinn. Das heißt, die Frage nach dem Sinn stellt sich nur, wenn es etwas gibt. Gäbe es nichts, dann gäbe es auch die Frage nicht. Der einzig sinnvolle aller Zustände ist damit das absolute Nichts. Bis auf den kleinsten Nenner gebracht, kann nur der Zustand einen Sinn haben, in dem es keinen gibt. Dabei muss man jedoch erkennen, dass es sich auch bei diesem absoluten Nichts um einen Zustand handelt. In der Zustandslosigkeit gibt es auch das Nichts nicht, und damit ist alles, was ist, wahllos, zeitlos und unzusammenhängend (siehe II.1 Der Anfang der Dinge. Zur Beschreibung des Anfangs gibt es im Vokabular keine richtigen Worte, da jeder Begriff zustandsabhängig ist. Die Termini wahllos, zeitlos, unzusammenhängend treffen es aber wohl noch am besten).

Wie in diesem Buch erläutert wird also, um den Zustand des absoluten Nichts zu erreichen, der hier beschriebene Pfad vom Anfang bis zum Ende beschritten. Dabei geschieht dies bis zur Entwicklung des Bewusstseins automatisch durch die Sequenzentwicklung. Danach habe ich es in der eigenen Hand, wann und wie schnell ich die Dinge für mich zum Besseren wende. Dass ich dies tue, steht außer Frage; wer leidet schon gerne, wer erlebt schon gerne Negatives. Wieviele Sequenzen ich dafür benötige, ist vollkommen irrelevant. Früher oder später beherrsche ich die Sequenz und werde sie beenden. Da das Nichts auch nicht von nichts kommt, erschaffe ich es.

Somit hat alles begonnen, damit es enden kann.

2 Die Auflösung des Einstiegs

Wie versprochen wollen wir nun wieder zurückkehren an den Anfang dieses Buches.

Vorneweg wieder die drei Überlegungen:

1) Wenn wir schlafen, können wir nicht unterscheiden zwischen Traum und Realität. Das Erlebte im Traum erscheint uns real. Erst durch das Aufwachen wird der Traumzustand definiert, durch das Nichtaufwachen die Realität.

2) Zeit spielt für unseren Geist eine sehr untergeordnete Rolle. Wenn wir Tage durchträumen, sind in Wirklichkeit nur Minuten vergangen. Noch deutlicher zeigt sich dies in Extremsituationen. Immer wieder berichten Menschen, dass sie unter Lebensgefahr ihr ganzes Leben noch einmal durchlebt haben, im Bruchteil einer Sekunde.

3) Unser Geist versucht, uns unter allen Umständen am Leben zu erhalten. Alles ist gestattet, wenn es um das Überleben geht.

Was geschieht nun im Augenblick des Todes?! Unser Geist schaltet Stück für Stück alle Organe ab, um die Blutzufuhr zum Gehirn so lange wie möglich aufrecht zu erhalten. Nach ca. acht Minuten treten erste Hirnschäden auf. Nun folgender Gedanke:

Wenn unser Geist erkannt hat, dass es keinen Ausweg mehr gibt, hat er nur noch eine Möglichkeit, das unvermeidliche Ende aufzuhalten. Er schickt uns in eine Traumwelt!

Und da Zeit nur eine sehr geringe Bedeutung für den Geist hat, können wir in diesen grob acht Minuten eine schier unbegrenzte Zeit durchträumen. Dies ist fast schon eine Art Unsterblichkeit, da uns das Erträumte vollkommen real erscheint. Natürlich vergeht für die Außenwelt die Zeit in gewohntem Masse. Da wir mit dieser aber keine Kontaktmöglichkeiten mehr haben, ist die Außenwelt für uns vollkommen irrelevant. Wir wissen ja gar nicht, dass wir träumen. So rettet uns der Geist vor dem Tod, was sein größtes Ziel ist.

Die erste Frage, die sich aufgrund dieses Gedankens stellt: Befinde ich mich in der Realität oder bin ich schon in dieser Traumwelt? Liege ich also irgendwo in der Realität am Boden, dem Tode geweiht?

Dann wird man feststellen, dass dies eben nicht feststellbar ist.

Als nächstes wird man sich fragen: Wenn ja, wielange schon befinde ich mich in dieser Traumwelt? Ist es die erste Sequenz oder vielleicht schon die tausendste?

Auch hier kommt man zur Erkenntnis der Nichtfeststellbarkeit.

Gibt es denn dann diese Realität überhaupt? Muss es sie denn überhaupt geben?

Und nun weiter ab Kapitel I.3

3 Schluss

Wir haben nun eine weite Reise hinter uns gebracht, vom Anfang bis zum Ende der Dinge. Zum ersten Mal hat ein kleines Buch alle Fragen, ja auch die allerletzte, beantwortet. Und das ohne Zuhilfenahme eines übersinnlichen Wesens, auf das man einfach argumentationslos alles abschiebt, sondern aufgrund von analytischen, nachvollziehbaren Überlegungen über das Dasein an sich. Bisher wurden diese Fragen durch Einführung einer Überwirklichkeit beantwortet. Überwirklichkeitsfragen wurden beantwortet durch die Einführung einer Überüberwirklichkeit, u.s.w. Dies führte immer in eine Unendlichkeitsfalle, womit eigentlich nie etwas beantwortet wurde. Wir haben es hier genau umgekehrt gemacht und die Überwirklichkeiten abgeschafft. In letzter Konsequenz ist dies der einzige Weg, sonst gibt es keine Antworten. Man muss dies so nicht tun, aber alles andere wäre willkürlich und wahllos. Lasse ich solches zu, muss ich alles zulassen, womit jeder weitere Gedanke verschwendet wäre. Und wir entdeckten eine universelle Gültigkeit, da die Ordnung der Dinge erhalten bleibt, führt man zusätzlich etwas ein, eben Willkürliches und Wahlloses. Jenseits dieses Buches gibt es damit keine

Erkenntnisse, sondern nur noch Glauben und wilde, unbegründbare Spekulation.

Aber ist das alles denn auch „wirklich" so? Stimmt das denn überhaupt? Wo sind die Beweise?

Um etwas zu beweisen, braucht man eine unabhängige Objektivität. Diese gibt es aber nur, wenn es eine übergeordnete, vom Geist unabhängige Realität gibt, und eben diese gibt es ja überhaupt nicht. Und selbst, wenn man grundlos eine solche Realität annimmt, hilft einem das auch nicht weiter. Beweisen kann man gar nie etwas, siehe Descartes, ein Restzweifel bleibt immer. Um wirklich zu sein, müssen daher die Grundlagen der Überlegungen widerspruchsfrei Sinn machen. Sie müssen mit der von mir gemachten Beobachtung, mehr habe ich nämlich nicht, übereinstimmen Abgerundet wird dann das Ganze, indem man in der sogenannten „Wirklichkeit" Belege für die Richtigkeit der Überlegungen findet.

Wie gesehen beruhen diese Grundlagen einzig und allein auf den mir zur Verfügung stehenden Fakten. Vermutungen, Behauptungen und andere fantastische Gebilde werden nicht nur nicht verwendet, sondern ihre Anwendung wird sogar ausdrücklich verboten. Zusätzlich fanden wir Bestätigung sowohl bei den Naturwissenschaften, der Betrachtung der Welt an sich, als auch bei den Religionen. Überall in der Sequenz ist die Ordnung der Dinge mit eingebaut, man muss nur die Augen öffnen und man wird sie sehen. Interessanterweise wurden hier alle Erkenntnisse der Religionen und der Naturwissenschaften unter einem Dach vereint. Alles ergibt auf einmal einen Sinn. Die tiefen Wahrheiten dieses Buches bilden die Grundlage aller Disziplinen. Mit Hilfe dieser Wahrheiten lässt sich alles ableiten, alle Thesen aller Disziplinen lassen sich damit entwickeln, auch sämtliche psychologische. Wenn ich beispielsweise wissen möchte, wie ich zu reagieren habe auf eine bestimmte Situation, damit die Sache gut endet für mich, so muss ich hier nur nachlesen und mich danach richten. Die Erkenntnisse dieses Buches sind damit nicht nur eine Anleitung für ein glückliches Leben, sondern dies ist auch ein ungeheurer Beleg für ihre Richtigkeit, da ich ja dadurch direkt in meinem Leben beobachten kann, dass sie stimmen. Schließlich ist diese Anleitung ein Ergebnis der Erkenntnisse. Auch die Streitfrage der Philosophie „Realismus oder Idealismus" hat hier ihre Auflösung gefunden. Der Beobachter (mein Geist) erzeugt die Realität (das ist Idealismus). Diese ist existent für mich und damit überhaupt existent, da ich die einzige Instanz bin. Diese Realität ist durch die Sequenzentwicklung nicht willkürlich, sondern verhält sich wie eine übergeordnete, universelle, für alle gleich gültige Realität, und es gab sie, bevor ich auftrat, bevor mein Bewusstsein entstand (das ist Realismus).

Realismus und Idealismus sind also kein Widerspruch, beide Gruppen haben recht. In diesem Buch wurden beide Ansichten miteinander vereint. War die Frage: Gilt der Realismus oder Idealismus, so lautet jetzt die Antwort: Keines von beiden. Es gilt der idealistische Realismus.

Wenn man den hier gemachten Argumenten gefolgt ist, wird man mit einer anderen Einstellung durch das Leben gehen, an immer mehr Dingen wird man die zugrundeliegende Ordnung automatisch erkennen. Man wird sich immer mehr in die Vorstellung der neuen Realität hineindenken, dadurch gelassener auf negative Ereignisse reagieren und öfter lächeln statt toben. Nichts ist mehr rätselhaft, alles ist beantwort- und erklärbar. Auch wird man erkennen, dass es wirklich all die anderen sind, von denen es abhängt, was man als Realität und als Traum bezeichnet. So kommt man allein durch die Beobachtung der Welt zu der hier beschriebenen Wahrheit. Und je mehr man die Welt richtig betrachtet, umso mehr erkennt man. In allen Dingen spiegelt sich erkennbar die Ordnung wieder und erst, wenn man nicht nur mit der Vernunft den Argumenten gefolgt ist, sondern es auch durch seine Vorstellung im Herzen (im Unterbewusstsein) aufgenommen hat, hat man die erste Stufe der Erleuchtung erreicht.

Dann wird man den Umgang mit den Dingen vollkommen überdenken und erkennen, dass man sich durch negative Gedanken und Taten immer nur selbst schädigt,

... dann erst hat man die Ordnung der Dinge begriffen

http://www.dieordnungderdinge.de